간절함의
자리

간절함의 자리

지은이 | 오지영
초판 발행 | 2018. 9. 19
등록번호 | 제1988-000080호
등록된 곳 | 서울특별시 용산구 서빙고로 65길 38
발행처 | 사단법인 두란노서원
영업부 | 2078-3352 FAX | 080-749-3705
출판부 | 2078-3331

책값은 뒤표지에 있습니다.
ISBN 978-89-531-3255-9 03230

독자의 의견을 기다립니다.
tpress@duranno.com www.duranno.com

두란노서원은 바울 사도가 3차 전도여행 때 에베소에서 성령 받은 제자들을 따로 세워 하나님의 말씀으로 양육하던 장소입니다. 사도행전 19장 8-20절의 정신에 따라 첫째 목회자를 돕는 사역과 평신도를 훈련시키는 사역, 둘째 세계선교(TIM)와 문서선교(단행본·잡지) 사역, 셋째 예수문화 및 경배와 찬양 사역, 그리고 가정·상담 사역 등을 감당하고 있습니다. 1980년 12월 22일에 창립된 두란노서원은 주님 오실 때까지 이 사역들을 계속할 것입니다.

아픔과 눈물의 오늘,
갈릴리의 영혼들에게

간절함의
자리

오지영 지음

두란노

만남은 우리의 삶에 무엇보다 중요합니다. 만남을 통해서 우리 자신이 빚어지기 때문입니다. 만남 가운데 아마 신앙만큼, 그리고 이 신앙이 기독교 신앙이라면 예수님만큼 중요한 분은 없을 것입니다. 이 책은 예수님과의 만남을 이야기하고 예수님과의 만남으로 친절하게 이끌어 줍니다. 가난한 자와 힘없는 자, 소외된 자와 죄인들을 찾아오셔서 공감과 사랑을 보여 주신 '갈릴리 예수'를 직접 만나시기를 바랍니다.

강영안 미국 칼빈신학대학원 철학신학 교수, 서강대 명예교수이 책의 저자는 깨알같이 섬세한 사람이다. 저자의 세밀함 속에서 다른 사람을 늘 배려하는 따뜻함이 느껴진다. 때론 그 따뜻함 속에 치밀함과 강인함도 느껴져 감탄스러울 때도 있는데, 아마도 이 책을 읽는 독자들도 그러하리라. 독자들은 따뜻하고 짜임새 있는 이 글을 통해 누가복음의 이야기 속으로 달콤하게 빠져들 것이다. 저자는 누가복음에 기록된 인물들을 통해서 예수 그리스도의 발자취를 추적하고 있다. 장면 장면마다 연약한 인생들을 구원하시는 예수님의 사역이 정성스럽게 그려진다. 저자의 친절한 안내를 따라가며 우리는 구원자 예수 그리스도를 생생하게 만나며 감탄한다. 이 책에는 저자의 깊은 경건과 아울러 몸이 상할 정도의 연구의 수고가 배어 있다. 이 책을 통하여 측량할 수 없는 예수님의 사랑이 독자들에게 잘 전달되기를 바라며, 하나님께서 영광 받으시기를 소망한다.

김진옥 합동신학대학원 원문연구소 디렉터, 목사

이 책 《간절함의 자리》는 주님과의 친밀한 동행이 절실했던 시
절에 이루어진 묵상입니다. 주님을 갈망하고 기다렸던 시간에
쓰인 글이라고 할 수 있습니다. 그때 누가복음서를 읽고 있었
습니다. 애틋하게 와 닿았던 부분은 갈릴리 지역에서 주님이
만나신 영혼들의 이야기였습니다. 주님이 없으면 호흡할 수 없
는 사람들, 주님이 이끌어 주시지 않으면 한 발자국도 걸을 수
없는 사람들, 주님을 바라보지 않으면 아무것도 해 낼 자신이
없는 사람들이 나오는 이야기였습니다.

　주님은 그들을 마주 보아 주셨습니다. 한 영혼, 한 사람을 안
타까이 여겨 주셨습니다. 단번에 수많은 사람을 감화시킬 능
력. 더 넓은 지경과 더 큰 세상에서의 흥왕함. 온 백성의 구세
주인 것을 이내 알려야 하는 시급함. 짧은 공생애 기간 동안 이
런 것들이 더 긴요하지 않았을까 생각되지만 주님은 그리하시
지 않았습니다. 주님이 선택하신 여정은 외진 곳에서부터 한
사람씩 찾아가는 더딘 길, 안타까울 정도로 느린 경로였습니

다. 그러나 예수님은 허튼 방향으로 결코 그 발걸음을 내디디신 일이 없었습니다. 한 사람과의 가깝고 따뜻한 만남을 이루기 위해 발이 부르트도록 걸어가셨습니다.

익명의 군중보다는 마음을 나눌 수 있는 누군가가, 무리 사이에 일어나는 불길 같은 부흥보다는 한 영혼의 진정한 변화가, 세상에 그리스도를 알리는 긴박한 공지公知보다는 간절히 주를 찾는 이에게 현현顯現하심이 그분께는 우선이었습니다. 마침내는 갈릴리를 떠나 섬김의 극치인 십자가의 길을 걸어가시기까지입니다. 그리스도의 걸음을 통해 세상에 천국 복음이 흘러가고 생명으로의 회복이 일어난다는 것을 보여 주시기 위해 내내 걸으셨습니다. 갈릴리 마을마다 거룩의 곡선을 그리시며.

오랜 아픔의 땅에서 주님을 기다리고 있다면, 주님을 만나 영혼이 소생하기를 염원하고 있다면, 주님과 눈물과 환희를 나누며 새로운 삶을 꿈꾸고 있다면 이 책은 여러분과 저, 우리의 이야기가 될 것입니다.

이 책을 통해 함께 걷는 여정은 어쩌면 소수가 걷는 호젓하고 외로운 길일지도 모릅니다. 좁은 길이기에 연약함을 품어 주시는 주님을 더욱 의뢰할 따름입니다. 애타게 기다리는 우리 모두에게 주님이 부요한 말씀을 부어 주실 것을 믿습니다. 서

투르든 미흡하든 집요하리만큼 성실하게 걸어 보고 싶습니다. 묵상을 통해 주님을 힘써 알아 가는 일이 제 간절한 바람입니다. 읽는 여러분께 주님의 단비 같은 은총이 머물기를 심히 소망합니다.

서문에서 미리 밝혀 둘 일이 있습니다. 이 책이 누가복음 4장에서 8장까지, 오직 다섯 장의 묵상을 기본으로 삼고 있으나 초고를 완성했을 때는 내용이 훨씬 더 방대했다는 점입니다. 예수님이 광야에서 받으셔야 했던 시험의 내용과 성령님과의 철저한 동행하심, 이후 나사렛으로 돌아와 회당에서 전파하셨던 이사야서 메시지에 관한사 61:1-3; 눅 4:18-19 상세한 묵상이 포함되어 있었습니다. 특히 이사야서 메시지는 주님의 사명대천명使命大闡明이기 때문에 결코 소홀히 넘길 수 없었습니다. 이것은 갈릴리 사역뿐 아니라 이후 주님의 모든 사역에 흔들리지 않는 기반이 되고 있기 때문입니다.

그렇지만 《간절함의 자리》이야기에 집중하고자 장황할 소지가 있는 내역은 탈고 과정에서 기꺼이 덜어졌던 것을 이해해 주시기 바랍니다. 제한된 텍스트 내에서 주의를 기울인 원고이므로 갈릴리에서 일어난 사건과 인물을 다 기재할 수 없었고 사四복음서 시선을 모두 종합하지도 않았음을 감안해 주십시오. 또한 이 책의 묵상이 성경의 본문을 하나씩 만져 보고 느껴 보아야 하는 입체성을 지니고 있지만, 간혹 사용된 상상의 기제는 원문의 쓰임과 성서 시대적 배경 연구에서 기인되었음을 알려 드립니다.

이제 지면을 할애해 이 원고가 책으로 나오기까지 함께해 주신 분들을 기억하고 싶습니다. 좋은 의견을 주시고 지도해 주신 미시간 주 그랜드래피즈 칼빈신학대학원의 강영안 교수님과 최희숙 사모님, 원고의 방향을 잘 인도해 주신 합동신학교 원문 연구소 디렉터 김진옥 교수님, 초안 원고 완성 시 정성으로 읽어 주신 분당 좋은나무교회 강인숙 집사님, 처음부터 끝까지 신실하게 중보해 주신 온누리교회 윤길중 목사님과 김경민 사모님, 해석학과 헬라어를 가르쳐 주시고 특히 이 책을 집필하는 동안 원어의 쓰임에 관해 자세한 대답을 주시며 기도해 주신 시카고 무디신학대학원의 은사 데이비드 우덜 박사님 Dr. David Woodall께 감사 말씀 드립니다. 그리고 원고 집필 시간 동안 가장 가까운 곳에서 묵묵히 지지해 준 사랑하는 가족에게 고마움을 전합니다.

끝으로 덧붙이고자 하는 내용이 있습니다. 이곳 미시간 주 현지인 교회에서 남편과 함께 장로직을 맡고 있기 때문에 기도와 심방 사역 등을 통해 섬겨 드릴 분들이 많이 있습니다. 문화와 피부색이 다르지만 주 안에서 한 가족이 될 수 있다는 것을 보여 주시는 성숙한 성도님들을 섬기는 일은 축복입니다. 돌볼 때 오히려 '돌봄'을 받는다는 것을 느낍니다. 특히 매주 함께 친밀하게 교제하는 팸Pam, 앨리스Alice, 크리스타Christa, 크리스Chris, 베스Beth 자매는 제게 각별합니다. 이들은 저의 고국을 자신들의 고국처럼 여기며 작은 씨앗 같은 이 책이 출간되어 주님의 말씀이 뿌려지길 충심으로 기도해 주신 분들입니다.

현지인 공동체뿐 아니라 한인 공동체도 그렇습니다. 지난해 화요 성경 공부 인도와 수요 특강을 통해 소중히 만난 이스트랜싱 한인 새소망침례교회 성도님들, 특히 여선교회 자매님들, 기회를 주신 조영호 목사님, 기도와 깊은 교감을 나누어 주신 그곳 교회 유성열, 정상인 안수집사님 부부는 잊을 수 없습니다. 이 모든 분은 '생각할 때마다 나의 하나님께 감사'할 수밖에 없는 분들이십니다빌 1:3. 특히 집사님 부부는 제가 힘이 벅차 주저앉으려 할 때마다 제게 '뜻을 같이하여 진실히 생각할 자'로 끝내 남아빌 2:20 격려해 주셨음을 늘 기억할 것입니다.

존귀하신 주님, 감사드립니다.

2018년 9월 미시간에서

오지영

만남을
기다리며

여러분은 어떤 계기였는진 모르지만 이 책을 들고 있습니다. 그러나 지금 이 순간부터는 책이 아니라 제가 내미는 손을 잡고 있다고 여겨 주시면 어떨까요? 저는 여러분과 길을 걸으며 여러 이야기를 나누려 합니다.

여러분의 목소리에 귀 기울이며 말하겠습니다. 저를 따라 걸어 주십시오. 우리의 걸음은 갈릴리로 향합니다. 갈릴리에서의 시간은 결코 헛되지 않을 겁니다. 우리 앞에는 우리를 인도하시며, 더 큰 보폭으로 걷고 계시는 그분The Man이 계십니다. 그 인자The Man가 앞서 걸어 주십니다.

갈릴리는 어떤 곳인지 궁금하시지요? '갈릴리'는 히브리어 '갈릴'gâlîl이라는 단어에서 왔습니다. 단어 자체에 큰 의미는 없습니다. 예전 이곳은 두로와 국경을 접하는 납달리 지파가 받았던 분깃의 북쪽만 가리켰습니다.[1] 둥그렇게 환포環抱된 성읍이 자리 잡았던 곳이라면 쉽게 상상이 가실 겁니다. 한때 이 땅이 '가불' 땅이라고 불렸던 적도 있습니다 왕상 9:13. '가불'kābûl이라니 약간 실망스럽습니다. 이것은 '혐오스러운'disgusting이라는 뜻이며, '크발'keḇal에서 비롯된 말로서, '크발'은 '그저 아무것도 아닌'이라고 해석할 수 있기에 그렇습니다.[2] 이러한 이름에서 유추되듯이, 갈릴리 지역은 예부터 하찮게 여겨진 땅이었습니다.

그렇지만 갈릴리는 내내 '가불'로 남지는 않습니다. 북쪽의 부유한 해상 도시들과 연결되어 있는 까닭에 이방인과의 접촉이 빈번하게 이루어지면서 '가불'이 아니라 '이방의 갈릴리'라는 이름을 얻게 되었습니다 마 4:15, 참조 사 9:1.

예수님 당시에는 헬라어가 무리 없이 통용될 정도였습니다.[3] 여기서 저는 여러분과 함께 이곳에서 나눌 수 있는 인사를 익혀 보려고 합니다. 헬라어가 자연스레 사용되었던 갈릴리로 향하고 있으니 여행하면서 도움이 될 것 같아서입니다. 고대에 사용되었던 일반적인 인사로 '카이레테!'χαῖρετε: chairete라는 말이 있습니다.

'카이레테'를 문자적으로 해석하자면 '여러분이 기쁘기를! 혹은 행복하기를!'이라고 할 수 있는데, 이런 인사를 허물없이 편안하게 건네고 싶으면 그냥 '카이레'χαῖρε: chaire라고 하면 됩니다.[4] 그럼 우리 한번 인사해 볼까요?

"카이레테!" 진심을 담아 인사합니다. 여러분이 정말로 기쁨으로 가득하고 행복하면 좋겠습니다. 카이레테!

유대인들은 서로 "샬롬"이라고 인사를 합니다. 헬라어에 해당하는 '샬롬'은 '에이레네'εἰρήνη: eirēnē입니다요 20:19. 하지만 '카이레테'라는 헬라식 인사법이 갈릴리에서는 전혀 어색하게 들리지 않았습니다. 갈릴리에는 이방인들이 많이 살았으니까요. 바로 그런 이유 때문에 전통 유대인들에게 이곳은 여전히 경시되던 땅이었습니다요 7:52하. "율법에 해박한 지식을 쌓고 싶다면 갈릴리로 가지 말라"[5]라는 유대인들의 격언은 이 사실을 잘 나타냅니다.

사실 동그라미 갈릴리는 아픔의 땅입니다. 외부 지배자가 수차례 바뀌었던 땅. 누군가의 억압 속에서만 역사가 이루어졌던 땅. 주전 4세기경부터는 현란한 헬레니즘 양식이 담긴 제국 도시가 건립되었고, 통치자의 욕망 때문에 백성에게 무거운 세금이 부과되었던 곳. 날마다 서민들의 땀과 피가 잔인하리만큼 착취당했던 장소. 그곳이 갈릴리입니다.

갈릴리 사람들은 모가 나지 않고 둥글둥글하기는커녕 저돌적이고 호전적일 수밖에 없었습니다.[6] 이곳의 억양이나 말투가 거칠고 특이한 것은 다 그런 이유에서 기인합니다. 이곳은 영적인 불모지不毛地요, 상처의 땅입니다. 갈릴리에 구원자를 애타게 기다리는 영혼들이 가득한 것은 놀랄 일이 아닙니다. 고통의 현실을 벗어나게 해 줄 메시아를 절실하게 기다리는 땅입니다. "카이레테!"라는 인사가 어색한 지역은 아니지만, 진정한 행복이 무엇인지를 까마득하게 잊고 살아가는 장소입니다.

그럼에도 희망을 버리지 않습니다. 우리 앞에서 우리를 인도하시는, 더 큰 보폭으로 걷고 계시는 예수님이 지금 갈릴리를 향하고 계시니눅 4:14! 따라서 예수님을 따라 갈릴리로 향하는 우리의 발걸음은 굳건해집니다.

하지만 한 가지 사실만큼은 잊지 마십시오. 예수님이 갈릴리로 향하시는 이 시점은 감격의 세례를 지나눅 3:21-22, 치열하고 곤고한 시험을 치르신 다음이라는 것을 말입니다눅 4:1-13. 새로운 전환이 일어나는 요단강을 지나, 씨를 뿌리지 못할 만큼 척박한 광야렘 2:2를 겪고 난 다음에야 향할 수 있는 땅. 그곳이 갈릴리라는 사실을 가슴에 각인합니다.

여러분도 그러한지요. 여러분의 '요단강'과 '광야'를 지나 이 땅으로 향하고 있는지요. 여러분의 '요단강'과 '광야'가 어디였는지 모르지만 지금부턴 여러분과 제가 향하고 있는 목적지가 동일하다는 사실은 확실합니다. 우리의 갈릴리, 그 목적지가 앞에 놓여 있습니다. 예수님이 앞서 걸어 주시는 땅입니다.

사람들은 예수님을 어떻게 불렀을까요? 그들은 예수님을 "목수 요셉의 아들"이라고 했다가도 "마리아의 아들 목수"막 6:3라고 불렀습니다. 왜 그렇게 불렀을까요? 아버지가 요셉이 아닐 거라는 의구심을 떨치지 못했기 때문입니다. 그들은 늘 예수님의 출생을 의심하곤 했지요요 8:41, 현대인의성경 참조.

더욱이 예수님은 '목수'이셨습니다. 목수는 헬라어로 '테크톤'τέκτων: tektōn인데, '테크톤'은 우리가 생각하는 목수가 아닙니다. 이스라엘 지역은 건조하고 더운 지역입니다. 목재보다는 돌이 더 흔하다는 것을 감안해야 합니다. 따라서 작목斫木을 해 가구를 만드는 직업 목수는 드물었습니다. '테크톤'은 목재를 다루는 일도 하긴 했지만 지붕을 고치거나 건물을 짓는 노동자로서, 굳이 표현하자면 석공石工에 더 가까웠습니다.[7] 노동의 몫이 주어지면 며칠씩 집으로 돌아오지 못하고 현장에서 고된 노동을 감당해야 했습니다. 사람들은 이런 노동자를 존귀히 여기지 않았습니다. 허름한 작업복을 입고 뙤약볕 밑에서 무거운 돌을 나르고 있는 청년 예수를 그려 보십시오. 힘겨운 노동을 하다가 거리에서 잠을 청했을 노숙路宿의 예수를. 상상이 쉽지 않을 것입니다.

어릴 적 기독교 학교를 다녔던 저는 워너 샐먼Warner

Sallman[8]의 성화 속 예수님의 이미지에 익숙했었습니다. 하얀 세마포 옷을 입으시고 찰랑거리는 곱슬머리를 뒤로 정갈하게 넘긴 채 깨끗한 얼굴로 서 계신 예수님. 물론 부활 이후 영화를 입으신 예수님의 모습을 화가는 그린 것이겠지요. 그러나 이런 모습의 예수님을 만나기 전, 제가 만나야 할 예수님의 모습은 전혀 다르다는 것을 깨닫는 사건이 있었습니다.

시카고 도시 한복판을 걷고 있을 때 길거리에 즐비한 노숙자들 가운데 유독 한 사람의 눈빛이 제게 들어왔습니다. 용기를 내어 부축하고 싶었던 연약해 보이는 흑인 노인이었습니다. 그렇지만 저는 너무 비겁했기에 그 사람을 도와줄 기회를 머뭇거리다가 놓치고 말았습니다. 결국 다음 날 다시 찾아갔는데 그는 없었습니다. 아무도 그가 어디 있는지 알지 못했습니다.

그날 오후, 터덜터덜 돌아오는 길에 가톨릭 성당에서 주관하는 어떤 자선단체 앞을 지나가게 되었습니다. 그 앞에 설치된 티모시 슈말츠Timothy Schmalz[9]가 제작한 예수님 조각상이 갑자기 눈에 들어왔습니다. 한 번도 눈여겨보지 않았던 조각상. 그 조각상이 마치 제 온몸을 끌어당기는 것만 같아 전율을 느끼며 그 앞에 꼿꼿이 멈추어 서게 되었습니다. 거리 나무 벤치에 웅크린 채 누워 있는 그 조각상은 너무나도 초라한 남자. 내가 부둥켜 일으키고 싶은 걸인. 그 조각상의 제목은 "노숙자 예수님"Jesus the Homeless이었습니다. 그 조각상을 바라볼 때 저는 제가 놓쳤던 그 흑인 노숙자가 거기 쓰러져 있는 것 같아 한참을 울었습니다.

마틴 루터 킹Martin Luther King 목사님의 말이 생각납니다. "선한 사마리아인의 비유에 나오는 레위인과 제사장은 '만일에 내가 이 사람을 돕기 위해 멈춘다면 **나에게** 어떤 일이 일어날 것인가?'If I stop to help this man, what will happen to me?라는 질문을 던지지만, 선한 사마리아인은 그 질문을 전복시켜 버린다. '내가 이 사람을 돕기 위해 멈추지 않는다면 **이 사람**에게 어떤 일이 일어날 것인가?'If I do not stop to help this man, what will happen to him?라고 묻기 때문이다."[10]

여러분은 어떻게 이해하시는지요? 저는 제가 선한 사마리아인이 아니고 위선적인 레위인과 제사장이었음에 가슴을 찢으며 이 말씀을 받아야 했습니다.

갈릴리를 향해 걷고 계신 '테크톤' 예수님은 온몸이 흙먼지 투성이입니다. 이마에는 굵은 땀이 송골송골합니다. 머리는 거칠게 헝클어져 있습니다. 그분의 손은 상처로 인해 찢겨 있고 보기 흉한 군살이 여기저기 박여 있습니다. 허약한 몸을 이끄는 왜소한 예수님이십니다. 고운 모양도 없고, 풍채도 없으며, 보기에 흠모할 만한 아름다운 것이 없는사 53:2 그 사람The

Man, '인자 예수님'이 이 길을 걸어가십니다. 그리고 여러분과 저는 그분을 따라갑니다.

가난한 자에게 복음을 전하고, 포로 된 자에게 자유를, 눈먼 자에게 다시 보게 함을, 눌린 자에게 해방을 선포하기 위해 눅 4:18-19, 참조 사 61:1-2 갈릴리로 향하시는 예수님. 아니, 성경에는 갈릴리로 '돌아가시니'라고 되어 있습니다 눅 4:14. 예수님께는 이 길이 '되돌아가는' 길이라는 것을 말해 줍니다. 예수님이 살고 계셨던 곳임을 나타냅니다.

우리의 여정도 어쩌면 마찬가지일 수 있습니다. 이런 '갈릴리'에 살고 있기에 '되돌아가는' 갈릴리 여정이 될 수 있다는 것입니다. 아픔의 땅에 거주하기에 다시 아픔의 땅으로 돌아가야 하는 길. 여러분도 그 땅에 거주하기에 다시 그 땅으로 돌아가야 하는 건 아닌지 생각해 보십시오.

그렇더라도 상기하시길 바랍니다. 오래전에 선지자는 이런 예언을 남긴 적이 있습니다. "어둠 속에서 고통받던 백성에게서 어둠이 걷힐 날이 온다. 옛적에는 주님께서 스불론 땅과 납달리 땅으로 멸시를 받게 버려두셨으나, 그 뒤로는 주님께서 서쪽 지중해로부터 요단강 동쪽 지역에 이르기까지, 그리고 이방 사람이 살고 있는 갈릴리 지역까지, 이 모든 지역을 영화롭게 하실 것이다"사 9:1, 새번역 성경. 선지자의 예언은 되돌아가시는 주님의 발걸음에 목적이 있음을 알립니다. 예수님은 어둠 속에서 고통받던 백성의 어둠을 거두어 내기 위해서, 멸시와 수치를 받은 땅을 영화롭게 하기 위해서 되돌아가신다는 것입니다.

그렇다면 여러분과 저도 이 여정을 앞두고 같은 목적을 지닐 수 있습니다. 빛을 꿈꾸고 회복을 꿈꿀 수 있습니다. 우리의 갈릴리에 어둠이 걷힐 날을 갈망할 수 있습니다. 우리를 위해서가 아니라 주님으로 인해 우리의 갈릴리가 영화롭게 되기를 구해 봅니다.

예수님은 곧 갈릴리에 도착하셔서 그분의 고향 나사렛의 회당에서 구원의 메시지를 선포하실 것입니다. 그 메시지가 "오늘 너희 귀에 응하였느니라"눅 4:21라고 외치실 겁니다. 여러분 귀에 응한 그 메시지를 귀기울여 들어 보세요. 헬라어로는 '세메론'σήμερον: sēmeron이라고 하는 오늘!

'세메론'은 어떤 경계에 걸터앉는 시간이 아닙니다. 어제도 좋고, 내일도 좋은 시간이 아닙니다. '바로 이날'this very day을 말합니다. 헛되이 보낼 수 없는 '현재'입니다. '지금'입니다. 이 날은 은혜 받을 만한 때, 꼭 잡고 놓지 말아야 하는 기회입니다 고후 6:2. 그러나 어떤 이들은 이 기쁜 소식을 받아들이지 못하고 '미련한' 것으로 여기며고전 1:18 때를 놓칠 수 있습니다. 예수

간절함의 자리

님을 산 낭떠러지에 밀쳐 떨어뜨리고 싶은 분노로 반응할 수 있습니다눅 4:29. 이 '세메론'은 누가복음에 자주 쓰이면서 구원과 관련이 깊은 단어임을 새겨 두십시오눅 2:11, 13:32-35, 19:5, 9. 구원은 '오늘' 긴박하게 이루어집니다.

이곳 갈릴리에는 '오늘', 비어 있는 그물을 손질하는 고단한 어부가 있습니다. 공동체에서 버림받은 병자가 있습니다. 오랫동안 고립된 장소에서 사람의 체온을 느껴 보지 못한 세리가 있습니다. 영혼이 숨을 쉴 수 없을 정도로 시든 손 마른 사람이 있습니다. 스스로 합당하지 못함을 인식했던 이방인 백부장이 있습니다. 모든 소망이 끊겨서 '지금' 통곡하고 있는 홀로된 어머니가 있습니다. 눈물로 옥합을 깨뜨리는 죄 많은 여인이 있습니다. 풍랑을 헤치며 낯선 곳을 노 저어 가는 제자들이 있습니다. 쇠고랑의 얽매임에서 헤어 나오지 못하는 노예 같은 사람이 있습니다. 그리고 끊이지 않는 유출의 여인과 이제 깨어서 거리로 나오는 종교 지도자, 회당장도 있습니다.

그리고 이곳 갈릴리에는 '오늘', 여러분과 저도 있습니다.

갈릴리의 영혼들은 간절합니다. '오늘'을 놓칠 수 없는 사람들입니다. 그리고 '오늘' 주님이 찾으시는 사람들도 바로 이런 영혼들입니다. 우리는 그 갈릴리로 향합니다. 이제 여러분과 함께 갈릴리로 들어가겠습니다.

첫 번째 만남

비어 있는 그물을
손질하는 영혼에게

생명의 그물에 걸리다 눅 5:1-11

여러분과 갈릴리 땅을 함께 밟습니다. 갈릴리 바다가 보이십니까? 시야에 한가득 들어오는 푸르름. 여러분의 눈동자 속에도 이 푸르름이 녹아드는지요. 엄밀히 말해서 이곳은 염분을 품은 '바다'는 아닙니다. 그렇기는 하지만 갈릴리 '바다'라고도 부르지요. 왜 그런지 그 이유부터 이야기를 나누겠습니다.

유대인에게 물이 모인 곳은 모두 '얌'yām입니다. 호수이든지, 바다이든지 구분하지 않습니다. 그런데 '얌'이라는 단어에는 또 다른 뜻이 있습니다. '얌'은 '서쪽'을 가리키기도 합니다. 이스라엘 서쪽엔 지중해가 있습니다. 그들에겐 해가 지는 쪽, 즉 서쪽을 나타내는 기준이 지중해, 즉 거대한 물이었습니다. 그래서 '크다'라는 의미가 있는 히브리어 '가

돌'gādôl과 정관사 '하'ha를 붙여 '하얌 하가돌'hayyām hagādôl이라고 하면 다름 아닌 '지중해'를 말합니다. 개역개정 성경에서도 지중해를 '대해'大海 혹은 '큰 바다'라고 하는 것은 이 까닭이랍니다민 34:6; 수 1:4; 겔 47:10. 영어 성경에서는 많은 번역본이 지중해를 'Great Sea'거대한 바다라고 표현합니다ESV, NASB, NRSV, KJV, NKJV. 유대인들에게 '대해'는 어마어마하게 광대한 물이었습니다. 그 건너에는 그들이 알지 못하는 또 다른 세상이 존재한다고 생각했습니다.

그들에게는 물론 지중해만큼 '거대한 바다'는 아니었지만 갈릴리 호수가 있었습니다. 그들에겐 이것도 어김없이 '얌'이었습니다. 그래서 대부분의 복음서 기자들은 헬라어로 '바다'를 지칭하는 '달라싸'θαλασσα: thalassa라는 단어를 사용해 '갈릴리 바다'라고 표현했던 겁니다.

하지만 누가복음을 작성한 누가는 유대인이 아니라 헬라인 의사였고 이곳저곳 여행을 많이 다녀서 견문이 넓었던 사람입니다. 세상을 보는 스케일이 남달랐습니다. 따라서 다른 복음서 기자와는 달리, 갈릴리 바다를 그저 바다라고 부르지 않고 정확한 명칭인 '호수'를 사용했습니다. 헬라어로는 '림네'λίμνη: limnē입니다.

그렇지만 여러분 앞에 놓인 이 드넓은 '얌'을 다시 한 번 보세요. 호수라기보다는 갈릴리 '바다'라는 이름이 여전히 어울린다고 생각하지 않나요? 그렇습니다. 이곳은 한 번씩 파도가 칠 때마다 바다 못지않게 물결이 심하게 요동치므로 잔잔한 호수라기보다는 바다라고 할 때 자연스럽기도 합니다.

참고로 갈릴리 호수는 '디베랴 바다'라고도 합니다요 6:1. 요한복음 21장 1절을 보면 '디베랴 호수'라고 나오는데, 여기서 '호수'라고 번역된 단어의 원문을 보면 역시 '달라싸', 바로 '바다'를 말합니다. '디베랴 바다'라는 이름은 갈릴리에서 가장 큰 도시의 이름인 '티베리아스'에서 비롯된 것입니다. 또한 이곳은 '긴네렛 바다'로 알려져 있기도 합니다수 13:27. 이것은 '게네사렛 호수'와도 같은 말입니다. '긴네렛'은 히브리어 '키노르'kinnôr에서 기인된 이름인데, '키노르'는 다름 아닌 '하프'라는 뜻 이랍니다. 갈릴리 호수는 배가 둥근 수금竪琴 모양이라서 그렇게 이름 이 지어졌다고 연계시키면 결코 잊지 않을 겁니다. 악기처럼 고운 이름 이지요.

갈릴리의 어부, 시몬

예수님은 이렇게 설명해 드린 '게네사렛 호숫가'에 지금 서 계십니다눅 5:1. 우리도 여기 함께 서겠습니다. 파도 소리도 듣고 싱그런 바람도 느 껴 보시길 바랍니다. 저기 어부들이 배에서 내려 그물을 씻고 있는 모 습이 보이십니까눅 5:2? 밤새 고기잡이를 하고 아침나절에야 돌아온 어부들임이 분명합니다. 피곤한 기색이 역력합니다. 어부들은 고기를 낚기 위해 가버나움에서 남서쪽으로 약 5km 떨어진 게네사렛[11]까지 자주 이동하곤 했습니다.

갈릴리의 어부들이 등장했으니 잠시 우리는 그들을 보겠습니다. 우리에게 가까이 다가오는 그들에게선 비릿한 내음이 납니다. 몸은 바닷물에 젖어 있음을 발견합니다. 맞습니다. 어부들의 몸은 항상 물에 젖어 있습니다. 밤낮 그리고 1년 내내 물 위에서 쉼 없이 일을 하는 사람들이므로 몸이 마를 날이 하루도 없겠지요. 팔레스타인 지역은 일교차가 심합니다. 그들의 젖은 몸은 한낮에는 햇볕을 더욱 강렬하게 흡입하므로 뜨겁게 달아오르고, 이른 아침과 늦은 저녁에는 젖은 몸 때문에 체감 온도가 낮아져서 쌀쌀한 추위를 견뎌 내야 합니다.

파도를 제치고 광풍과 싸워야 하는 어부들을 상상해 보십시오. 때론 파랗게 얼어 버린 입술을 깨물고 노를 저어 가야 하는 그들. 칠흑 같은 어둠 속에서도 방향 감각을 잃지 않고 민첩한 판단력으로 바닷길을 찾아가는 사람들. 시련에 쉽게 굴복하지 않는 사람들. 물고기를 잡기 위해서라면 목숨을 걸 만한 사명감이 있는 사람들. 이들이 갈릴리 어부들입니다.

이렇게 묘사하고 나니 어부의 업은 거칠다고만 생각하기 쉬우나 그렇지 않습니다. 다음 날의 고기잡이를 위해 아마포로 짜인 그물망을 정성껏 다루는 일은 손끝의 섬세함을 요구합니다. 그물을 씻고, 찢어진 곳을 깁고 잘 말리는 일은^{막 1:19; 눅 5:2} 많은 시간과 공력 없이는 불가능하지요. 어떤 일을 착수하기 전에 기초 작업과 준비 작업을 찬찬하고 세밀하게 진행하는 이들. 이들이 또한 갈릴리 어부들입니다.

우리의 시선은 이제 그들이 들고 온 그물에 머뭅니다. 밤새 고기잡이를 하고 아침에야 돌아오는 길이겠건만, 그들의 그물은 터무니없이 가벼워 보입니다. 자세히 보십시오. 물고기가 한 마리도 없습니다! 그물이 텅텅 비어서 돌아오는 길임이 틀림없습니다. 어부들에겐 이때만큼 민망한 순간이 따로 없을 것 같습니다.

저쪽으로부터 사람들이 몰려오네요. 사람들은 이내 어부들에게 묻습니다. "어젯밤엔 얼마나 잡았지?" 사람들은 물고기 구경을 하고 싶어서 두리번두리번합니다. 곧 그들의 눈은 어부들의 비어 있는 그물에 머뭅니다. 순간, 어부들의 표정이 무안해집니다. 그런 어부들을 보면서 괜히 우리가 미안해질 정도입니다. 이때 남의 속도 모르고 낄낄 웃는 사람도 있군요. 어부들의 낯은 뜨거워집니다. 형용 못할 서러움을 느끼는 것 같습니다. "어떻게 된 거야? 어쩌다가 그물이 비었어?" 사람들의 집요한 질문은 끝나지 않습니다. 여러분과 저는 왠지 사람들을 밀어 내면서 어부들을 변호해 주고 싶은 심정입니다. "풍랑이 심해서 물고기를 잡을 수 없었던 거라구요. 적절한 때를 놓쳐서 고기 떼를 찾지 못했던 겁니다."

어부가 물고기를 한 마리도 잡지 못했다는 건 무엇을 의미할까요? 당장 오늘 먹을거리가 없다는 것을 말합니다. 늘 가난한 어부들의 배가 더 주리게 되는 것입니다. 비어 있는 그물은 어부들의 허망함을 넘어 간절함을 나타냅니다.

오늘 예수님이 만나 주실 사람은, 그리고 우리가 만날 갈릴리의 간절한 영혼은 이 어부들 중 한 명입니다. 저쪽에 유난히 얼굴이 붉고 입술을 굳게 다물고 있는 사람. 꽤 무뚝뚝해 보이는 사람. 어부 시몬입니다. 시몬의 삶은 갈릴리 바다에 달려 있는 인생입니다. 바다가 물고기를 많이 안겨 주면 그의 인생은 성공하는 것이고, 바다가 물고기를 주지 않으면 실패하는 삶입니다. 물고기는 그의 행복을 좌지우지하는 중대한 요인입니다. 그는 사람들에게 '고기를 잘 잡는 능숙한 어부'로 칭찬받을 때 제일 기쁜 사람이지요.

예수님은 그런 시몬에게 다가가십니다. 시몬은 약간 당황하는 것 같네요. 예수님이 다가와서 "물고기를 얼마나 잡았느냐?" 하고 물으시면 또 한 번 무안을 당할지도 모르니까 그런 것이겠지요. 그물 만지는 그의 손이 점점 빨라집니다. 그렇지만 예수님은 그에게 다가가 물고기에 관한 것은 한마디도 묻지 않으십니다. 다만 무리가 몰려와서 말씀을 가르치셔야 했으므로눅 5:1 시몬의 배를 물에 띄워 주기만을 부탁하실 뿐입니다눅 5:3.

시몬은 고개를 조아리며 예수님의 청탁을 기꺼이 수락하는 눈치입니다. 어부 시몬이 예수님의 부탁을 거절할 이유가 없지요. 전에 예수님이 장모를 고쳐 주신 사건이 있었기에눅 4:38-41 그분을 권능자로 깊이 존경하고 있었을 테고, 비어 있는 배가 바다 쪽을 향하도록 노를 젓는 일 자체는 현재 뭘로 보나 시몬에겐 다행스러운 일이기 때문입니다. 물을 사이에 두고 말씀을 전하면 소리 전달 속도가 효율성을 지니게 되고 멀리 선 사람들도 예수님을 잘 볼 수 있다는 건 시몬에겐 부차적인 문제일 겁니다. 그에겐 일단 '비어 있는 그물'에 대한 사람들의 쓸데없는 관심을 피하는 게 급선무겠지요. 예수님을 배에 모시면 사람들은 베드로의 그물이 아니라 예수님을 바라볼 테니, 이처럼 좋은 아이디어가 또 어디 있겠습니까?

예수님의 그물에
포획된 베드로

이제 시몬의 배는 예수님을 모시고 물가로 가려고 합니다. 자, 여러분과 저도 시몬의 배에 올라타 물가로 나아갈 것입니다. 시몬의 얼굴을 더 가까이에서 보게 됩니다. 검게 그을린 그는 꽤 지쳐 있습니다. 예수님이 말씀을 전하시는 동안 아무 감흥이 없는 것만 같습니다. 배가 물살에 떠내려가지 않고 한곳에 잘 머물도록 노를 잘 조절하는 것은 숙련된 어부만이 갖고 있는 기술입니다. 역시 노를 쥔 시몬의 손은 노련한 어부의 손이 맞습니다.

시간이 얼마간 흐릅니다. 예수님은 말씀을 다 마치셨습니다. 다시 육지에 배를 대기 위해 시몬이 노의 방향을 바꾸려고 하고 있습니다. 시몬은 얼른 집으로 돌아가 얼마간 눈을 붙이고 싶은 모양입니다. 연거푸 하품을 참느라 눈에 눈물이 잔뜩 고여 있군요. 팔의 힘도 슬슬 풀려 보입니다. 그런데 예수님이 그런 시몬을 보시며 이런 말씀을 하십니다. "깊은 데로 가서 그물을 내려 고기를 잡아 보라"눅 5:4 참조.

깊은 데로 가라니요? 우리는 눈이 동그래집니다. 물론 시몬도 어안이 벙벙해져 있습니다. 그도 그럴 것이 갈릴리 지역의 고기잡이는 밤에 하는 것이 상책이기 때문입니다. 대체로 더운 낮에는 물고기들이 바위틈에서 잠을 자고, 밤이 되어야지만 활발하게 활동하면서 먹이를 찾아다니니까요. 그뿐 아닙니다. 갈릴리 바다에서는 얕은 물가에서 물고기를 잡아야 잘 잡히는 법입니다. 거기에 산소 공급이 원활하게 이루어지기 때문에 물고기들이 많이 몰리지요.[12] 얕은 물가에서 물고기를 잡으니까 그물을 물가로 끌어내는 일도 종종 있었던 것입니다마 13:48.

알다시피 시몬은 어젯밤에도 동료들과 내내 고기를 잡으러 다녔습니다. 하지만 아무 소득이 없었지 않습니까? 마침내 시몬은 낮은 목소리로 예수님을 이렇게 부릅니다. "선생님."

예수님께 '선생님'이라고 부르며 시몬은 잠시 뜸을 들입니다. 헬라어로 '에피스타테스'ἐπιστάτης: epistatēs라는 이 단어는 '스승' 혹은 '가르치는 자'라는 뜻보다는 '존경하는 인물'이라는 의미가 더 강합니다. 이 단어를 거의 대부분의 영어 성경이 'teacher'선생, 스승보다는 'master'주인, 어르신로 번역했음도 흥미롭습니다ESV, NASB, NIV, KJV, HCHB.

시몬에게 예수님은 그저 존경하는 인물 '에피스타테스'입니다. 이 '에피스타테스' 예수님께 시몬은 어부로서 할 말이 있었습니다. 그래서 낮은 목소리로 예수님을 "선생님!" 하고 불렀던 것입니다. 자, 시몬의 말을 계속 들어 보겠습니다. "우리들이 밤이 새도록 수고하였으되 잡은 것이 없었습니다"눅 5:5상 참조. 그렇습니다. 시몬은 아무리 존경하는 '에피스타테스'라고 해도 물고기 잡는 일만큼은 자기가 더 잘 안다고 여기고 있는 것이지요. 예수님은 어부가 아니라 '테크톤' 목수이시기 때문입니다.

그러나 이상합니다. 왠지 거부하지 못할 경외감이 시몬을 사로잡는 것 같습니다. 이윽고 시몬은 조용히 대답하게 됩니다. "어제 밤새 잡은 것은 없지만 말씀에 의지하여 제가 그물을 내리겠나이다"눅 5:5하 참조. 시몬은 어부인 자기 상식으로는 결코 받아들일 수 없지만, 존경하는 '선생님'의 권유이기 때문에 깊은 물로 나아가기로 마음먹은 듯합니다. 방금 그물을 씻었기에 다시 바다로 간다는 것은 무척 번거로운 일일 텐데요. 그래도 말씀에 의지하여 노를 저어 그쪽으로 가 봅니다. 물살을 헤치며 노를 저어 가는 시몬의 얼굴은 아까보다 더 무표정합니다.

깊은 물에 이릅니다. 시몬은 비어 있는 그물을 물속으로 내립니다. 그가 그물을 내리는 손에선 턱턱 힘이 빠집니다. 큰 기대감은 없어 뵙

간절함의 자리

니다. 그런데 대체 이게 무슨 일입니까! 시몬의 그물 안으로 수많은 물고기가 몰려들기 시작합니다. '여기에 이런 황금 어장이 숨어 있었나?' 시몬은 깜짝 놀라고 있습니다. 그물을 들어 올리려는데 너무 무거워서 그물이 찢어집니다 눅 5:6.

시몬은 마치 잠에서 확 깬 듯 사방을 둘러봅니다. 그는 조심하고 있습니다. 소리쳐 사람들을 부르면 위험하다는 걸 어부 시몬이 모를 리 없습니다. 물고기가 잘 잡히는 새로운 장소를 찾았다는 정보를 함부로 흘리면 큰일이랍니다. 갈릴리 바다는 어부들의 경쟁이 심한 곳입니다. 이곳은 기득권자들이 부를 축적하는 땅입니다. 어업에 종사하는 사람들도 정치 세력과 결탁되는 일들이 허다했습니다. 어시장은 어부들이 주관하는 것이 아니라 권세 잡은 사람들이 휘두르는 장소입니다. 그래서 시몬은 함께 일하는 동료들을 소리 내어 부르지 못하고 그저 도와달라는 손짓만 보냅니다 눅 5:7. 다행입니다. 동료들이 이내 눈치껏 알고 서둘러 이쪽으로 오고 있습니다.

동료 어부들이 와서 함께 그물을 끌어 올리는 손은 힘차 뵙니다. 배 두 척에 물고기가 금세 가득 쌓입니다. 그렇게 간절했던 물고기가 시몬에게 한아름 안겼습니다. 이 배에 타고 있는 여러분과 저의 몸은 온통 물에 젖었습니다. 그물을 던지고, 다시 그물을 올리면서 물이 튀었나 봅니다. 이제 우리 몸에서도 어부처럼 물 내음, 물고기 냄새가 느껴집니다. 우리도 갈릴리 어부가 된 듯하네요.

시몬의 싱글벙글하는 얼굴을 보십시오. 시몬의 배는 요즘 취미로 낚시 다니는 작은 배가 절대 아니지요. 시몬의 고기잡이배는 길이가 약 8m, 폭은 2.5m나 되는 꽤 큰 배입니다.[13] 이런 배 두 척에 물고기가 가득 쌓였으니! 시몬은 온몸에 짜릿함을 느끼는지 몇 번이고 눈을 꾹 감았다가 다시 떠 보곤 합니다. 새로 집을 짓고, 든든하고 값비싼 겉옷도 장만하고, 맛있는 음식과 질 좋은 포도주를 마음껏 먹고 마시고 싶다는 생각이 한꺼번에 몰려드나 봅니다. 배도 몇 척 더 늘리고, 더 넓고 튼튼한 그물도 마련하고요. 갈릴리 업계를 주름잡아 보리라, 신이 나겠지요. 그물 안에서 파닥거리는 수많은 물고기가 번쩍거리는 은화처럼 보입니다. 시몬은 그동안의 '간절함'이 이루어졌다는 생각에 물고기 틈에서 넋을 놓고 즐거워합니다. 우린 입을 다물지 못하는 시몬을 보면서 아까 무뚝뚝하게 보였던 그 시몬이 맞나, 잠시 갸우뚱합니다.

한참 물고기를 만지다가 문득 시몬은 고개를 드는군요. 맞습니다. 여전히 이 배엔 예수님이 타고 계십니다. 물고기 때문에 곁에 계신 예수님을 시몬이 잠시 잊었던 겁니다. 예수님은 내내 시몬을 응시하고 계셨는데도요. 예수님의 눈은 지금 어떠합니까? 시몬이 지금 물고기를 바라보는 눈과는 현저하게 다른 눈입니다. 시몬은 물고기를 한 마리, 한 마리 상품 가치로만 계산하고 있는데, 예수님은 시몬의 가치를 따져 보시는 것이 아니라 그를 무조건 긍휼히 여기시면서 소중히 내려다보고 계십니다. 이 '깊은 물'에 이토록 많은 물고기가 있을 거라고 '말씀'해 주

간절함의 자리

신 분은 저 '에피스타테스' 예수라는 분이십니다.

따가운 볕에 놓인 그물 안의 물고기들은 물을 찾기 위해 몸부림을 칩니다. 퍼드덕, 퍼드덕. 몹시 괴로운가 봅니다. 시몬은 다시 흘끗 위를 쳐다봅니다. 여전히 예수님은 시몬을 깊은 긍휼의 눈으로 응시하고 계십니다. 시몬은 이렇게 속으로 생각하는 것 같습니다. '이렇게 많은 물고기가 몰려 있는 곳을 한 번에 아시는 분인데, 물고기가 남길 이윤에 관해선 관심이 없으신가? 이걸 다 내다 팔면 상당히 부자가 될 텐데 말야.' 혼란스러운지 그는 머리를 긁적긁적합니다.

그런데 보십시오. 시몬은 갑자기 예수님 앞에서 무릎을 꿇어 버립니다눅 5:8! 이 깊은 물에서 시몬이 물고기를 낚은 것이 아니라 그가 예수님의 그물망 안에 포획되었음을 깨달았던 겁니다. 시몬이 던진 그물 안으로 들어온 물고기는 그가 '말씀에 의지하여' 그물을 내렸을 때눅 5:5 얻은 소산물에 불과하기 때문입니다. 혼동할 수 없습니다. 그의 능력으로는 이렇게 많은 물고기를 절대 잡아 낼 수 없습니다. 예수님의 '말씀' 때문에 가능했던 것입니다.

지금 시몬의 배에 잡혀 온 물고기들은 '물'이 없기에 모두 죽어야 할 운명에 놓였습니다. 그렇다면 시몬은 어떠합니까? 마찬가지입니다. 예수님의 그물에 걸려 있는 시몬은 예수님의 '말씀'을 얻지 못하면 '생명의 물'을 얻지 못한 물고기처럼 죽어 가게 될 것입니다. '말씀'만이 시몬을 통치한다는 것을 의미합니다.

시몬은 괴로워집니다. 그가 간절히 원하는 것은 물고기와 물고기가 남겨 줄 번쩍거리는 은화입니다. 당장 '생명의 말씀'보다는 죽고 썩어져 가면서도 돈이 더 좋은 시몬. 수많은 물고기가 살려 달라고 퍼드덕거리는데 시몬도 그 물고기들과 함께 젖은 온몸이 퍼드덕거려서 견딜 수가 없는 것이지요. 시몬을 보면서 우리의 젖은 몸도 파르르 떨려 옵니다.

시몬뿐 아니라 함께한 동업자 야고보와 요한도 '놀라움'에 사로잡히고 맙니다 눅 5:9-10. 여기서 놀라움은 그냥 기뻐하며 감격한다는 뜻이 절대 아닙니다. '담보스'θαμβος: thambos라는 헬라어를 썼는데, '담보스'는 흔치 않은 일을 경험한 후 전율과 함께 느끼는 무서운 공포를 나타내는 명사입니다.[14] 너무 충격을 받아 몸을 움직일 수도 없는 상태를 말합니다.[15] 그들은 섬뜩하고 두려웠던 겁니다. 시몬이 속으로 절규했으리라 생각합니다. "당신은 누구십니까? 떠나가소서. 저는 죄인입니다. 저는 물질을 더 사랑하고 죄 가운데 살다가 죽을 수밖에 없는 존재입니다. 저는 제게 풍부한 재물을 가져다줄 이 물고기를 만지는 것이 훨씬 좋습니다. 거룩한 당신의 손을 잡는 것은 준비되어 있지 않습니다. 이 배에 당신을 모시고 있기도 감당할 수 없습니다. 제게서 그물망을 거두고 떠나소서! 저는 당신의 그물에 걸릴 수 없는 사람입니다!"

시몬의 외침을 들어 보십시오. "주여, 저를 떠나소서. 저는 죄인이로소이다" 눅 5:8 참조. 이때 시몬은 예수님을 전에 불렀듯이 '선생님'에피스타테스이라고 부르지 않습니다. 그는 예수님을 '주여'라고 부릅니다. 헬라

어로는 '퀴리오스'κύριος: kyrios입니다. 호격呼格이면 '퀴리에'κύριε: kyrie
라고 합니다. "퀴리에! 저를 떠나소서. 저는 죄인이로소이다"눅 5:8 참조.

   그런데 "퀴리에" 하고 부르는 순간 그의 가슴에 오랫동안 묵힌 눈물
이 봇물 터지듯 터졌던 것 같습니다. 갈릴리 어부는 울어서는 안 됩니
다. 아무리 힘들어도 눈물을 보이면 약한 사람이 될까 봐서입니다. 그
렇지만 시몬은 지금 억제할 수 없습니다. 우리는 이 장면을 쉽게 그려
볼 수 있습니다. 그가 목놓아 울고 있으리라는 걸.

   얼마나 많은 순간 이 바다에 그물을 던지고 또 던지며 물고기를 기대
했던가요. 매번 거절당할 것을 알면서도 또 내렸던 그물. 이 바다가 시
몬의 가슴을 할퀴고, 찌르고, 무너뜨릴 것을 알면서도 또 이 바다를 기
대하면서 그다음 날이면 어김없이 찾아왔던 시몬. 이 갈릴리 바다만이
나의 운명이리라, 여기며 포기하지 않고 살아왔던 숱한 나날들. 그러나
이제는 아닙니다. "갈릴리 바다는 나의 '퀴리오스'가 아니다. 여기 내 앞
에 서 계시는 이분이 진정한 '퀴리오스'이시다!" 시몬은 고꾸라지며 인
정합니다. 이 배에 예수님을 모셨던 순간부터 그의 삶은 '갈릴리 바다'
가 아니라 '주님'이 주관하시는 인생으로 변했던 것입니다. 예수님은 시
몬의 '퀴리오스'이십니다.

   이때 예수님이 말씀하십니다. "무서워하지 말라. 이제 후로는 네가 사
람을 취하리라"눅 5:10 참조. 시몬은 "무서워하지 말라"라는 예수님의 말
씀을 들었지만 "사람을 취하리라"라는 말씀에 온몸이 더욱 떨려 옵니다.

'사람을 취한다'라는 말은 헬라어 성경으로 읽으면 '사람을 낚는다'라는 뜻이기 때문입니다. "취하리라"라고 말씀하실 때 예수님은 헬라어 '조그레오'ζωγρεω: zōgreō라는 동사를 사용하셨는데, '조그레오'는 그냥 낚는 것이 아니라 '살아 있는 채'로 낚는 것입니다. 죽이려고 낚는 것은 '조그레오'가 아닙니다. 그래서 때로는 '포로로 삼다'라는 의미도 있습니다.[16] 하나님께 사로잡힌 바 되는 것, 바로 그것이 '조그레오'입니다 딤후 2:26.

　"사람을 취하리라"라는 예수님의 말씀은 이미 시몬에게 떨어졌습니다. 시몬은 '생명을 주시는 말씀'의 그물에 포획된 상태입니다. 그는 살아 있는 채로 낚임을 당했습니다. 생명의 그물에 걸린 시몬은 더 이상 '죽음의 낚시'를 할 수 없습니다. '살아 있는 생명'만 낚아야 합니다. 죽음의 낚시는 그에게 일확천금을 안겨 줄지도 모릅니다. 그러나 넘치는 물질과 더불어 그는 언젠가 허무하게 멸망할 것입니다. 그러나 살아 있는 생명의 낚시는 그로 하여금 영원하신 그리스도와 더불어 살아가는 길을 열 것입니다.

　회귀,
　그리고 회심

깊은 물에서 예수님과의 대화는 이렇게 끝이 납니다. 여기서 베드로는 죽음을 낚는 어부가 아닌 생명을 낚는 어부로 부르심을 받은 것입니다. 배는 이제 방향을 돌립니다. 회귀回歸. 그리고 이것은 회심回心입니다. 시몬은 예수님을 모시고 힘차게 노를 저어 돌아갑니다. 그의 눈빛은 소망으로 불타오릅니다. 곧 배는 육지에 닿습니다. 그러나 이 땅은 아까 이 육지에 배를 댈 때와는 다릅니다. 물고기 떼가 몰려 있는 곳을 찾아 헤매는 어부의 땅이 아니라 생명을 찾아 예수님을 따라가는 제자의 땅입니다. 그래서 비어 있는 배와 그물 때문에 사람들 앞에서 민망하고 부끄러워 견딜 수 없었던 시몬이 더 이상 아닙니다.

아무것도 모르는 사람들은 또 몰려옵니다. "얼마나 잡았지? 어이구! 이거 굉장하군. 배가 꽉 차 있는걸! 그물이 찢어질 정도라니!" 사람들은 감탄하고 부러워합니다. 전에 낄낄거리며 웃었던 사람들도 시몬에게 경탄을 보냅니다.

시몬은 배에서 내립니다. 예수님도 내리십니다. 우리도 배에서 내리겠습니다. 시몬은 내리자마자 저만치 걸어가시는 예수님만 따라 걷습니다눅 5:11. 이번에는 시몬이 아니라 비어 있지 않고 꽉 찬 배가 오히려 민망해 뵙니다. "잠깐만 시몬! 여기 이 수많은 물고기는 어쩌려구?" 사람들이 묻습니다. 번쩍거리는 은화 같은 물고기들. 그토록 아끼면서 씻고, 깁고, 손질했던 그물. 혹여나 홈집이 날까, 날마다 관리하던 튼튼한 고기잡이배. 모두가 이 해변가에 무안하게 그냥 놓여 있습니다. 시몬은 이런 것들이 더 이상 간절하지 않은 것이지요. 깊은 물에서 예수님을 만나고 돌아온 그에게 지금 가장 간절한 것은 생명이니까요.

"나를 따라오라"마 4:19. 이 음성이 오늘 게네사렛 호숫가에 잔잔히 울립니다. 그리고 이 음성은 여러분과 제게도 임합니다.

우리는 이 해변가에 잠깐 서겠습니다. 저 물속에는 여전히 물고기들이 헤엄치고 있습니다. 많은 어부는 수많은 물고기를 잡고자 오늘도 그물을 손질하고 배를 띄우며 힘차게 나아갑니다. 번쩍거리는 은화 같은 물고기를 배에 가득 싣고 오는 꿈을 꾸며 눈에 핏줄이 서도록 고생을 합니다. 파도와 저항하면서 힘겨운 노를 젓겠지요. 어디가 황금 어장인지 알고 싶어서 어부들끼리 살벌한 경쟁을 할 것입니다. 그것만이 '행복'인 줄 알고 온갖 공력을 기울일 것입니다. 그러나 이 많은 어부 가운데, 주님은 찾으십니다. 정말 생명을 낚을 줄 아는 어부를. 생명을 갈망하는 어부를.

저는 묻고 싶습니다. 혹시 여러분의 삶에 오늘 '비어 있는 그물'이 있는지, 무엇 때문에 그토록 비어 있게 되었는지. 제게도 텅텅 비어 있는 허무한 그물이 있습니다. 깊은 노력과 힘겨운 분투에도 불구하고 더욱 무안하게 비어져만 가는 그물이 제 삶에 존재합니다.

그러나 이제 알 것 같습니다. 우리의 '비어 있음'은 결코 비극이 아님을. 우리의 '비어 있는' 장소에 주님이 찾아오시기 때문입니다. 오늘 우리는 그 비어 있는 공간에 주님을 영접합니다. 주님을 모시고 깊은 곳으로 나아갑니다. 그곳에서 우리는 우리의 절망을 비웁니다. 정말 비워지는 것은 우리의 낙망하는 마음뿐임을 고백합니다. 주님의 그물망이 이 바다에 던져지기를 기대합니다. 그리고 바다 저 끝까지 들릴 만큼 크게 부르짖습니다. "퀴리에주여! 저를 낚으소서!" 생명의 그물에 여러분과 제가 산 채로 포획되기를 갈망하며 외칩니다. 모든 것을 버리고 주님을 따라가기를. 이것이 철회할 수 없는 부르심이라는 것을 받아들이며롬 11:29.

여러분과 함께 보냈던 첫 장을 이렇게 마칩니다. 우린 갈릴리 바다의 깊은 물에 다녀왔지요. 다음 장에서는 갈릴리의 어떤 동네로 들어가려고 합니다. 저쪽 보이는 산자락 밑에 위치한 동네입니다. 그 동네 어귀에서 여러분을 기다리겠습니다.

간절함으로 드리는 기도

두 번째 만남

공동체에서 소외당한
아픈 영혼에게

주여, 원하시면! 눅 5:12-15

동네 어귀까지 잘 찾아오셨네요. 갈릴리 이곳에서 뵈니까 더욱 반갑습니다. 저는 이렇게 인사합니다. "카이레테!" 여러분이 오늘 행복으로 가득 차길, 진실로 기쁘길 기원합니다.

예수님은 다시 간절한 영혼을 향해 발걸음을 움직이십니다. 그리고 이 동네에 머무십니다 눅 5:12. '동네'라고 표현했지만 누가는 '동네'라는 단어로 헬라어 '폴리스'πόλις: polis를 썼습니다. '폴리스'라고 하면 인구가 꽤 되는 잘 조성된 도시나 마을을 말합니다. 성벽이 잘 지어져 있고 성문도 있을 만한 장소입니다. 이런 마을에서 예수님이 오늘 누구를 만나게 되실지, 또 우리는 누구를 만날지 궁금합니다.

나병 환자,
그는 누구인가

저쪽을 보세요. 어떤 이가 예수님을 향해 걸어오는군요. 예수님의 소문을 듣고 찾아오는 사람이겠지요. 그런데 저는 짐작해 봅니다. 그가 걸어온다기보다는 엎드려 조심조심 기어온다는 것을. 가까이 다가오는 그 사람을 자세히 보니, 나병 환자입니다. 온몸에 나병이 번져 있습니다 눅 5:12. 나병 환자는 무엇에 쫓기는 듯 사방을 둘러봅니다. 예수님 주변에는 언제나 많은 무리가 따른다는 것을 알기 때문인 것 같습니다. 특히 병을 앓는 자라면 누구라도 예수님을 만나 치유 받고 싶어 한다는 것을요 마 4:23-24. 그렇지만 이 나병 환자는 사람들을 피해 예수님을 친밀히 만나고 싶은 게 분명합니다. 주변을 두리번거리며 살펴본 그는 이윽고 안도의 숨을 쉬고 예수님을 바라봅니다.

이 사람의 눈빛을 보세요. 너무나도 절실합니다. 나병 때문에 윤곽도 제대로 남아 있지 않은 눈 속의 동공에는 물기가 가득합니다. 예수님을 만나러 온 이 길이 눈물을 삼키며 온 길이라는 걸 짐작할 수 있습니다. 우리는 이 나병 환자의 이름을 모릅니다. 얼굴은요? 나병이 뒤덮여 얼굴을 알아보기 힘듭니다. 이 사람은 그저 '나병 환자'입니다. 가까운 친구나 이웃들은 이 사람을 알고 있을까요? 함께 살고 있는 가족은요? 안타깝게도 이 나병 환자는 '잊히고' 있는 사람입니다. 그의 존재는 자꾸

희미해져 갑니다. 그는 진영 밖에 혼자 살아가는 사람일 뿐입니다.

그럼 저는 여기서 이런 질문을 해 보고 싶습니다. 이 사람, 이 나병 환자가 얼굴이 추하게 일그러진 채 외따로 존재한다고 해서 그에게 하나님의 형상이 없습니까? 그렇지 않습니다! 이 나병 환자에게 하나님의 형상이 있습니다. 하나님은 이 사람도 귀중히 빚으셨고 하나님의 형상을 부여하셨습니다 창 1:27. 아무리 나병이 이 사람을 뒤덮고 있어도 그에게 부여된 하나님의 형상을 앗아 갈 수는 없습니다. 그러나 그렇기 때문에 슬퍼집니다. 이 나병 환자는 지금 그 누구에게도 '존귀한 하나님의 형상을 지닌' 한 인격체로 대우받지 못하고 있으니까요. 나병 환자 본인조차 그 자신을 사랑할 수 없습니다. 사랑하기엔 자신의 모습이 참혹하게도 어그러져 있기 때문입니다.

얼마나 오래전부터 나병에 걸려 있었는지는 모르겠습니다. 그러나 처음 발병되었던 그 순간을 그는 아직도 생생히 기억할 겁니다. 심히 두려웠겠지요. 제사장 앞으로 나아가 '부정하다'는 판정을 받아야 했을 때. "당신은 나병 환자요. 부정한 사람이오!"라는 말을 들었을 때. 마을 모든 사람이 경악하며 회피했을 때.

그때부터 그는 이름을 잃고 그의 정체성을 잃었을 겁니다. 옷을 찢어야 했겠지요. 머리를 풀어야 했고요. 윗입술을 가리고 외쳤을 겁니다. "부정하다! 부정하다"레 13:45 참조. "나는 부정하다! 이제부터 나를 피하라!"라고 외치는 나병 환자의 목소리는 허공에서 갈래갈래 찢어져 흩어졌으리라 여깁니다. 영결식과 같은 작별을 가족에게 고하고 정겨운 친구들하고도 영영 헤어지게 된 나병 환자.

"병 있는 날 동안은 늘 부정할 것이라 그가 부정한즉 혼자 살되 진영 밖에서 살지니라"레 13:46. 이스라엘 공동체는 거룩한 하나님의 공동체가 되어야 하기에 부정한 음식도, 더러운 피부병도 진영 내에 허락할 수 없습니다. "내가 거룩하니 너희도 거룩할지어다"레 11:45, 참조 레 19:2, 20:26라는 명령은 영원히 지켜져야 하기 때문입니다. 율법에 따르면 이 나병 환자는 병이 낫지 않는 이상 다시는 성안으로 들어가 사람들과 함께 지낼 수 없다는 결론이 나옵니다. '이스라엘의 거룩'을 위해서 그는 이 나병을 지니고 있는 동안 철저하게 혼자여야 합니다. 누군가에게 병을 옮길 소지가 있으므로 사람들로부터 배제되기를 기꺼이 선택해야 합니다.

나병 환자를 보면서 여러분과 저는 형용 못할 긍휼함이 밀려와 잠시 고개를 숙입니다. 이런 질문을 우리 자신에게 던져 봅니다. 꼭 나병이 아니더라도, 나병과도 다름없이 남에게 이해받을 수 없는 큰 고통과 상처로 인해 공동체에 들어가지 못하고 외따로 존재한 적이 있었는지. 공동체는 거룩하고 복된 장소여야 하기에 '부족하고 혐오스러운 나'는 그곳에 거할 수 없는 시절이 있었는지. 이 '공동체'라 함은 기관이나 단체, 어울려야 하는 어떤 집단일 수도 있습니다. 지나간 과거가 아니라 현재도 그렇게 외따로 존재할 수밖에 없다면. 아니, 겉으로는 함께하는 것 같고 괜찮은 척하지만 늘 소외감을 극복할 수 없다면. 진정 그렇다면 우리는 이 나병 환자를 조금은 이해할 수 있을 것입니다.

몇 년 전에 제게 그런 친구가 있었습니다. 고국인 필리핀을 떠나 미국에서 입주 유모로 일하고 있었던 그녀. 교회 한구석에 조용히 앉았다가 예배가 끝나자마자 서둘러 돌아갔고, 아주 잘 아는 사람 외에는 절대로 이야기를 나누지 않으려 했습니다. "필리핀에 가족들 만나러 한번 다녀올 계획 있어요?" 아무 생각 없이 누군가 질문을 던진 적이 있는데 얼굴이 노래지면서 자리를 피하던 그녀를 기억합니다. 무슨 사연이 있을까, 궁금했지만 무턱대고 물어보기가 조심스러웠습니다. 주일날 아침 2층 구석 끝에 앉아 있는 그녀를 보면 외로워 보이는 그 친구를 한번 안아 주고 싶은 마음에 제 걸음은 매주 그쪽으로 향하곤 했습니다.

어느 주일 아침, 기도실에 있는 저를 그녀가 찾아와 사람들이 오기 전에 할 말이 있다고 했습니다. 그녀와 단둘이 앉았습니다. 그녀는 처음엔 아무 이야기도 꺼내지 못했습니다. 그렇지만 눈을 한 번만 깜빡이면 눈물이 이내 쏟아질 듯 눈 속엔 눈물이 가득했습니다. 저는 그녀의 손을 살며시 잡았습니다. 손을 잡자마자 그녀의 눈에선 기다렸던 눈물이 뺨을 타고 흘러내렸습니다. "필리핀에 제 자녀가 있어요. 너무 보고 싶은데 돌아가지 못할 것 같아요. 남편뿐 아니라 일가친척 모두, 마을에서 저를 받아 줄 사람이 없어요." 이렇게만 어렵게 이야기를 꺼냈습니다. 저는 "왜?"라는 질문을 차마 하지 못했습니다. "어떻게 그런 일

간절함의 자리

이?"라고 묻지도 못했습니다. 그저 그녀의 가녀린 손을 계속 잡고 있었습니다. 고향 마을에 갈 수 없을 정도의 일을 겪은 사람이라면 캐묻지 않아도 큰 고통의 사연이 있을 거란 사실은 쉽게 짐작되는 것이니까요.

"조금이라도 희망을 가지고 교회에 나오지만 예배를 마치면 똑같아요. 역시 나 같은 사람은 안 돼요." 그녀는 깊은 숨을 내쉬면서 말했고, 곧이어 들어 줘서 고맙다고 말하며 자리에서 일어났습니다. 기도도 함께 드리지 못했는데, 그녀는 사람들이 오기 전 기도실을 나서고 싶어 했습니다. 저는 나가려는 그녀의 손을 잡고 말했습니다. "주님께 그 마음을 있는 그대로 쏟아 놓아 보세요. 당신이 간절히 원하는 일이 실은 주님이 원하시는 일일 수도 있어요." 그녀는 저를 물끄러미 바라보다가 고개를 끄덕이고 기도실을 나섰습니다. 그런 그녀에게 어떤 일이 있었는지는 조금 후에 말씀드리지요.

나병 환자는 날마다 갈망하는 사람입니다. 언젠가는 다시 '거룩한 하나님의 백성'이 되어 마을로 들어가기를 바라는 사람이지요. 사랑하는 그 누군가와 함께하기를 원하는 사람입니다. 사람들을 만나기가 더 이상 두렵지 않고, 사람들도 그를 싫어해 회피하지 않게 되기를. 그 길은 단 하나밖에 없습니다. 나병이 치유되어 온전함과 정淨함을 입는 것입니다. 그런데 그 길이 나병을 지닌 환자에겐 그렇게 단순하고 편안하게 열리지 않습니다.

나병 환자를 생각하며 이런 상상이 가능합니다. 격리된 삶이 가져다 주는 곤고함이 이루 말할 수 없어서 마을 성문 앞을 기웃거렸던 어느 날. 그날은 무던히도 더운 날이라 나무 그늘 밑에 누워서 지친 몸을 쉬고 있었다면요? 그늘 밑은 그에게 얼마간 안식을 주었겠지요. 사람을 만나면 위험하지만 나무는 '좋은 친구'가 되어 줄 테니까요. 나무, 들꽃, 바람, 새, 숲 벌레들은 나병 환자의 애틋한 벗임이 틀림없습니다.

그렇게 나무 그늘 밑에서 위로를 얻고 있는데, 누군가 나병 환자가 거기 누워 있는지 모르고 지나가려고 한다면요? 그러다가 흘낏 무심코 나병 환자를 보고선 화들짝 놀라 허겁지겁 도망가게 된다면, 행인은 도망가면서 마구 외치겠지요. "저쪽으로 가지 마세요! 저 나무 그늘은 부정해요! 부정한 나병 환자가 거기 누워 있는 걸 제가 봤어요!"

그렇지요. 부정한 사람이 누운 나무 그늘은 부정한 장소가 맞습니다. 그래서 나병 환자는 나무 그늘에서 쉬다 말고 울먹거리게 될 것을 쉽게 그려 볼 수 있습니다. 나무를 쳐다보며 말하겠지요. "나무 친구, 이거 면목 없네. 자네는 나에게 그늘을 주었는데 내가 여기 누우니 이 그늘이 온통 부정한 장소가 되는 걸 내가 미처 몰랐네." 바르르 떨리는 손으로 나무를 살며시 만져 보려다가 그 손마저 내려놓을 나병 환자. "미안해서 다독여 주고 싶지만 내가 자네를 만지면 자네는 부정한 나무가 되질 않겠나. 그래서 차마 손을 대지 못하니 좋은 벗이여, 이해해 주게."

순간 나무에게마저도 가까이 다가가지 못하는 자신의 처지가 한심스러워 그 자리에서 쓰러져 버릴 그 사람. 그리고 이처럼 처절하게 외쳐

볼 수밖에 없는 외로운 존재. "하나님, 저는 어떤 죄를 지었단 말입니까? 어찌하여 제게 이런 혐오스런 나병을 허락하셨습니까! 저, 남은 평생 이렇게 진영 밖에 내쳐지고 싶지 않습니다. 거룩한 하나님의 공동체에 다시 떳떳하게 안기고 싶습니다!" 이런 나병 환자의 쓰라린 삶이 여러분에게 멀지 않게 느껴지신다면 여러분의 아픔도 그에 못지않으리라 생각합니다.

나병 환자로 살아가는 것 자체도 힘든데 나병을 죄와 연관 짓지 않을 수 없다는 것이 그를 더 옥죄는 일입니다. 나병이 죄라고 뚜렷하게 명명한 율법의 규정은 없지만, 예전에 죄로 인해 나병을 앓은 사람들의 예는 엄연히 있기 때문입니다. 모세의 누이 미리암이 그랬고민 12:10, 웃시야왕이 그랬으며대하 26:16-19, 엘리사의 사환 게하시도 마찬가지였습니다왕하 5:27.

나병 환자는 이렇게 살다가 온몸의 형태가 뭉그러지면서 죽을 것을 압니다. 손가락이 나병 때문에 떨어져 나가도 고통을 느낄 수 없는 병. 그 무서운 병이 나병입니다. 이렇게 된 인생, 이런 비참한 삶을 사느니 다 포기하고 싶은데 생명이란 그렇게 쉽게 포기되는 것이 아닙니다. 날마다 삶을 더 갈망하게 됩니다. 나병은 치유 받아야만 합니다.

그랬던 그에게 '예수'라는 이름이 들렸던 겁니다. 병자를 치유하시는 예수님이라고. 절망이 아니라 살아갈 희망을 허락하시는 예수님이라고. 그 이름 안에 생명이 있다고. 그 예수님이 나병 환자가 있는 마을에 오신다는 소식을 들었던 거지요. 나병 환자는 그 예수님께 자신의 소망을 걸어 보리라 다짐했던 것입니다. 그 예수님이라면 자신을 회복시켜 주실 것이라 믿고. 그래서 스스로 격리되어야 한다는 사실을 알면서도 위험을 무릅쓰고 예수님이 계신 곳으로 용기 내어 이 길을 왔던 것이라 생각합니다.

나병 환자의
타자 인칭 기도

걸음도 제대로 걸을 수 없어서 기면서 다가왔을 나병 환자. 그는 예수님을 보자 이마를 땅에 대고 엎드립니다. 이미 그가 엎드린 그 땅은 '부정'해지는 걸 알고 있을까요? 물론 알겠지요. 나병 환자와 가까이하게 되신 예수님도 '부정'하게 되실 수 있다는 걸 모르지 않겠고요. 우리도 나병 환자 곁으로 좀 더 가까이 다가갈까요? 나병 환자를 가까이 대면하면 우리도 '부정'하게 될 염려 따위는 접어 두렵니다. 나병 환자의 모습과 우리의 모습 사이에 솔직히 큰 괴리乖離는 없습니다. 그가 정함을 갈망하듯 우리도 그러합니다.

절박함 가운데 드디어 나병 환자는 온전한 사람으로 살아갈 수 있는 통로를 찾았습니다. 그 통로는 오직 예수님이십니다. 그의 목소리를 들어 보십시오. "주여 원하시면 나를 깨끗하게 하실 수 있나이다"눅 5:12. 이것이 나병 환자의 기도입니다. '주님이 원하시면'이라고 시작하는 겸허한 기도입니다. '원하시면'이라는 말은 헬라어로 '델로'θέλω: thelō입니다. 그냥 원하는 것이 아니라 깊이 유념하고, 기뻐하고, 즐거워하는 의지가 동반되는 동사가 '델로'입니다.[17]

나병 환자는 지금 두려워하고 있습니다. 예수님이 이런 하잘것없는 나병 환자를 보듬어 주시려나, 조심스러워합니다. 나병 환자와 같이 깊은 소외를 경험했던, 아니 지금 경험하고 있는 여러분과 저라면 이 두려움과 조심스러움을 수긍할 수 있을 겁니다. '예수님이 나 같은 인생에 개입하고 싶으실까? 나를 못 본 척 외면하시면 어떻게 하지?' 예수님께 나아가면서 속으로 이 말을 몇 번이고 되뇌었을 나병 환자. 그렇지만 긍휼이 많으신 예수님께 온 믿음을 걸어 보기로 하고 나온 길에 후회는 없습니다. '예수님이 내 병을 고쳐 주기를 기뻐하시기만 한다면!' 나병 환자는 이런 마음으로 주님께 나아갔을 것입니다.

나병 환자의 기도 내용은 우리의 마음을 잠잠하게 울립니다. 그는 "제가 괴로우니 제발 좀 고쳐 주십시오!"라고 말하지 않습니다. 고통스럽다고 몸부림치지도 않습니다. 원망도, 불평도 없습니다. 나병 환자의 기도는 "나를 살려 주십시오"가 아닙니다. "주님이 기뻐하시면"입니다. 주어가 1인칭 '나'가 아니라 타자他者 인칭의 '주님'입니다. '당신'이 원하신다면, 입니다.

우리는 갑자기 우리의 기도를 돌아보고 싶어집니다. 우리의 기도는 어떤가요? 우리가 괴로울 때마다 드렸던 수많은 기도는 '나'라는 1인칭으로 이루어져 있진 않았는지요. 오해는 마십시오. '나'를 중심으로 청원하는 기도가 잘못되었다는 것은 절대로 아닙니다. 그 역시 우리의 영적 생활에서 가장 기본적이고 절대적인 기도입니다.[18] 그렇지만 '나'가 중심이 된 기도를 뛰어넘어 예수님의 마음을 움직이는 진정한 타자 인칭의 기도가 우리의 아픈 계절에 드려졌던 기도인지 다시 한 번 생각해 보게 됩니다.

이제 예수님이 그 발걸음을 나병 환자에게 옮겨 가십니다. 점점 더 가까이 다가가십니다. 우리는 가까이 걸음을 옮기시는 예수님의 행보에 맞추어 나병 환자가 엎드린 그 장소까지 나아갑니다. 곧 예수님의 그림자 속에 나병 환자가 엎드려 있게 됩니다. 우리도 예수님의 그늘로 나병 환자와 함께 들어갑니다.

나병 환자는 예전 나무 그늘 아래에서 쉬던 생각이 밀려들었을까요? 그러나 그것을 기억했다면 그늘마저도 부정하게 되었던 일도 기억했겠지요. 그런데 오늘 예수님의 그늘은 나병 환자에게 형용 못할 안식을 안기는 듯합니다. 두려워서 거칠어진 나병 환자의 호흡이 점점 평안해지는 것 같습니다. 우리도 그와 더불어 예수님의 그늘 밑에서 끝없는 평안을 경험합니다.

예수님은 친밀하게 나병 환자에게 다가가시더니 이제 그에게 손을 내미십니다. 예수님의 거룩한 손이 나병 환자의 몸에 닿습니다눅 5:13. 나병 환자가 상상조차 하지 못한 일이겠지요. 예수님이 이렇게 가까이 와 주셔서 나병 환자의 눈을 바라봐 주시는 것만도 넘지 말아야 할 경계를 넘어서신 행위입니다. 그런데 예수님의 거룩한 손이 이미 나병 환자를 향해 뻗어 있습니다. 그 힘 있고 따뜻한 손. 얼마나 오래간만에 느껴 보는 사람의 체온인지!

나병 환자는 고개를 들어 예수님을 다시 한 번 새롭게 바라봅니다. 예수님은 나병 환자를 소중하게 바라봐 주십니다. '이스라엘의 거룩'을 위해서 폐쇄적인 삶을 살아야 할 나병 환자로 보시는 것이 아니라 '거룩한 하나님의 형상'을 지닌 한 인격체, 근엄한 이스라엘 백성 중의 한 명으로 수용하며 보십니다. 그 눈은 진정 나병 환자가 온전해지기를 갈망하는 눈빛입니다. 예수님이 나병 환자의 치유를 아주 오랫동안 깊이 유념하고, 기뻐하고, 즐거워하셨음을 알 수 있습니다.

"내가 원하노니델로 깨끗함을 받아라"눅 5:13 참조. 예수님의 맑고 아름다운 음성이 나병 환자의 온몸에 따뜻하게 쏟아집니다. 마치 가물어 갈라진 땅에 온화한 단비가 부드럽고 충만하게 쏟아지듯. 지극히 거룩한 빗줄기처럼. 그때 나병 환자는 주님의 치유하시는 음성을 흠뻑 받아 냅니다. 깨어진 그릇 같았던 그의 몸이 아물고, 생명의 물이 넘치고 또 넘칩니다. 그 자리에서 치유의 빗줄기를 흠뻑 받습니다.

나병 환자의 기도는 1인칭 주어의 응답이 되어 돌아왔습니다. "주여 원하시면"이라고 여쭈었는데, "내가 원하노니"로 수락되었습니다. '눌린 자' 나병 환자가 '자유롭게' 된 순간입니다눅 4:18, 참조 사 61:1. 누가는 "나병이 곧 떠나니라"눅 5:13라고 기록했는데, '떠나다'라는 동사는 헬라어 '아페르코마이'ἀπέρχομαι: aperchomai입니다. 전치사 '무엇으로부터'away from라는 뜻을 지닌 '아포'ἀπό: apo와 동사 '오다, 가다'라는 뜻을 지닌 '에르코마이'ἔρχομαι, erchomai의 합성어입니다. 나병 환자에게 있었던 나병이 더 이상 거기에 머물지 못하고 이내 떠나 버렸음을 묘사하는 적확한 동사입니다.

부정함이 떠나고 거룩을 입은 순간입니다. 예전에 나병 환자가 가족과 친구들과 결별했듯이, 나병은 거기서 그와 영영 결별하게 됩니다. 그러나 이건 결코 슬픈 결별이 아닌 '갈망했던 떠남'입니다. 그는 이제 깨끗합니다. 정한 사람입니다. 고독과 자기 비하로 인해 영적 파산 상태였던 그는 온전히 새롭게 되었습니다. 나병 환자의 갈망은 예수님의 갈망으로 받아들여졌습니다.

치유, 회복
그리고 자유

그는 이제 자신의 새살을 만지며 예수님의 이름을 소중히 불러 봅니다.

그의 눈에는 여전히 물기가 어려 있는데, 외로움과 고통 때문이 아니라 기쁨의 눈물 때문이라는 것을 알 수 있습니다. 여러분과 저는 치유 받은 나병 환자를 보면서 행복을 느낍니다. 그의 얼굴을 다시 찬찬히 보세요. 저렇게 밝고 환한 사람인 줄은 몰랐습니다. 그는 그리스도로 인해 새로운 피조물이 된 것입니다고후 5:17.

예수님의 치유는 단순한 치유를 위한 치유가 아닙니다. 거룩한 하나님의 공동체에 재영입되기 위한 근원적인 갱신입니다. 하나님의 공동체가 배타적인 성향을 지닌 율법에 의해 규정되는 것이 아니라 나병 환자같이 배척받는 이들도 치유해 포용하는 '하나님 나라'라는 것을 보여줍니다.[19] 그래서 예수님의 치유는 궁극적으로 '좋은 소식'입니다. 이제 나병 환자는 제사장에게 나아가 환처가 나은 것을 확인받고 정하다는 판정을 받은 이후 마을로 당당하게 들어갈 것입니다. 전에 나병 환자였던 그가 들어가는 곳은 그냥 '마을 공동체'가 아닙니다. 그에게 이곳은 예수님이 새롭게 회복시켜 주신 몸으로 들어가는 '하나님 나라'와 마찬가지인 장소입니다.

제 친구 이야기를 여기서 더 하렵니다. 그날로부터 몇 주 후 주일 아침, 그녀를 보았습니다. 예배 후 서둘러 집으로 가지 않고 떨리는 걸음을 걸으며 예배 제단 앞으로 나아가고 있기에 그녀의 뒤를 조용히 따라갔습니다. 제단 앞에 그녀가 엎드릴 때 저는 그녀 뒤에서 무릎을 꿇었습니다. 그녀는 오랫동안 눈물을 흘렸고 기도드렸습니다. 저는 땀이 홍

건한 그녀의 등을 쓰다듬으며 함께 기도했습니다.

그녀의 기도 소리가 다 들렸던 것은 아닙니다. 그렇지만 이것만큼은 정확하게 들었습니다. "주님, 주님이 기꺼워하시면"If you are willing⋯. 그녀의 겸허하고 절실한 타자 인칭의 기도. 저는 그 기도에 가슴 저리도록 동의했습니다. 그리고 그날 알 수 있었습니다. 그녀가 이미 '하나님 나라'의 공동체에 영입되었다는 것을. 그녀가 치유 받고 포용되었다는 것을. 그녀가 '주님의 원함'을 입었다는 것을.

그녀는 현재 이사를 가서 동부 다른 주에 살고 있습니다. 그녀가 거주지를 옮기고 얼마 뒤 이런 소식을 제게 보내왔습니다. 필리핀에 다녀오겠다는. 이제는 고국에 갈 수 있을 것 같다고. 용기를 내어 가족을 만나겠다고. 용서를 구하고 그리운 아이들을 꼭 만나고 오겠노라고.

그 소식을 들었을 땐 긴 겨울을 마치고 봄이 오는 길목이었습니다. 창문을 여니 파란 하늘이 제 눈에 쏟아졌습니다. 그녀가 그리운 고국으로 가겠구나 생각하며 한참이나 쳐다보았습니다. 저는 알 것 같았습니다. 그녀의 고국행은 고향을 방문하는 길이 아니라, 회복된 영혼이 들어가는 '하나님 나라'임을. 그녀에게 주께서 힘을 주시고 보살펴 주시라고 나지막한 목소리로 기도했습니다.

제 친구 이야기를 추억하면서 저는 지금 책장에서 빛바랜 구릿빛의 오래된 시집을 꺼내 봅니다. 1955년도 3월 20일에 인간사人間社에서 발행된 한하운 시인의 제2시집의 초판인 《보리피리》입니다. 이제 이 시

간절함의 자리

집은 고서 희귀본이 되어서 구하기 힘든 판본이라고 들었습니다. 저는 이 책을 참 귀하게 얻었습니다. 그래서 더더욱 제겐 보물과도 다름없는 시집입니다. 책장을 무심코 넘기면 곧 낡은 종이가 찢어질까 두려워 면장갑을 끼고 조심조심 시집을 열어 봅니다. 시인의 원래 이름은 '태영'이었는데 한센병 진단을 받고 이후 병세가 점점 진전된 후 '어찌 구름처럼 떠도는가-하운何雲'으로 이름을 바꾸었다고 합니다.

시인은 이 시집의 자서自序에서 이렇게 적었습니다. "天刑천형의 문둥이가 되고 보니 지금 내가 바라보는 세계란 오히려 아름답고 恨한이 많다…. 한 떨기의 꽃, 한 줄기의 잎, 한 마리의 새, 한 가람의 물, 한 주먹의 흙…. 이토록 自然자연이 所重소중함을 나는 觀照관조한다."

이 시집을 내주었던 한하운 시인과 절친했던 박거영朴巨影 시인은 한하운 시인을 이렇게 소개했습니다. "韓何雲한하운은 문둥이가 아니다. 그가 이 세상世上에 태여날 때는 꽃과 나무와 물과 太陽태양의 빛이 그를 반가히 마져 주었다…. 그의 生命생명과 그의 詩시가 어떤 體溫체온처럼 내 靈魂영혼 속에 스며드는 것을 나는 막아 낼 수는 없었다…."[20]

시인은 4월의 보리밭을 지나가다가 문득 푸른 보릿대를 꺾어 보리피리를 불며 이런 시구를 적었지요. "보리피리 불며/ 人還인환의 거리/ 人間事인간사 그리워/ 피-ㄹ 닐니리." 시인이 얼마나 사람의 체온이 그리웠겠는가, 감히 느껴 봅니다. 그러나 사람들이 사는 곳에 차마 들어가지 못하고 보릿대를 만지작거리며 친구 삼았을 시인. 문드러지는 살을 지닌 시인은 아주 오랜 갈망을 지니고 살았으리라, 생각합니다. 그 병이 낫기를. 저는 지금 시인의 시집을 시인을 안아 보듯 가슴에 품습니다.

잠시 소록도의 구라救癩탑을 떠올려 봅니다. '나병으로부터 구원받는다'는 뜻이 있는 구라탑에는 이렇게 적혀 있습니다. "한센병은 낫는다." 그렇습니다. 시인의 한센병은 낫지 못했던 것이 아닙니다. 그는 종국엔 '나음'을 입었다고 생각합니다. '그의 생명과 그의 시가 어떤 체온처럼 우리 영혼 속에' 지금도 스며들고 있다는 것이 증거입니다. 저는 잊지 않습니다. 진정한 치유는 영혼이 그 병으로부터 '에르코마이'하는 것이라는 걸. 진정 병이 떠나는 것은 그 병으로부터 자유함을 입는 것임을. 그런 의미에서 '나음'을 입는 것은 참으로 주님의 뜻입니다.

여러분과 저의 삶에 '주님의 원함'을 입고자 하는 갈망은 무엇일까요? '낫고자' 하는 그 간절함이 무엇인지 생각하게 됩니다. 파산된 마음이. 육신의 병이. 깨어진 관계가. 이겨 내지 못하는 열등감이. 오래된 상처가. 그 어떤 것이라도 이제 낫고자 하는 간절함이 있다면, 그리고 이런 간절한 원함이 '하나님 나라'로 가는 노선이라면, 실로 그렇다면 지금 그 마음을 주님께 표현하렵니다. "주님이 깊이 유념하고, 기뻐하고, 즐거워하시면"이라고 시작하는 겸허한 기도가 우리에게 여전히 가능합니다. 주님이 기뻐하십니다. 여러분과 제가 나음을 입고 자유하기를.

오늘 우리는 정함과 온전함을 입고 이 동네에 머뭅니다. 새들의 노랫소리를 듣고 들에 핀 꽃들도 보십시오. 졸졸졸 흐르는 시냇가에서 한

움큼 물도 마셔 보십시오. 햇살도 우리가 걷는 길을 비춥니다. 꽃과 나무와 물과 태양이 반가이 맞아 주는 세상. 주님과 동행하며 하나님 나라를 끌어안는 세상. 여러분과 함께 거닐 수 있어서 더욱 아름다운 세상입니다. 이 동네에 머무는 것이 행복합니다.

다음 장에서도 여러분과 발걸음을 맞추어 걷고 싶습니다.

간절함으로 드리는 기도

세 번째 만남

많은 것을 가졌으나
정작 홀로인 영혼에게

열린 식탁으로의 초대 눅 5:27-32

우리 앞에서 걸어가시는 인자 예수님을 따라가는 세 번째 여정입니다. 우리는 가버나움으로 들어갑니다. 여기는 사람들이 무척 많습니다. 유대인들뿐 아니라 여러 무역업에 종사하는 이방인들이 많이 드나드는 곳이기에 사람들로 북적거리지요. 다메섹에서 지중해 해안 지역까지 여행하는 사람들이 반드시 경유하게 되는 지점이 이곳이랍니다. 지중해 해안 지역으로 가는 사람들 중에는 그곳 항구를 이용해 로마에 가려는 사람들도 종종 있습니다.[21] 그들과 소통하는 언어로는 헬라어가 공용어로 쓰입니다.[22] 이곳이야말로 우리의 인사 '카이레테여러분이 기쁘고 행복하길!'가 자주 쓰일 만한 장소입니다. 우리는 지나가는 사람들의 행복을 빌며 이렇게 인사를 건네 봅니다. "카이레테!" 그렇지만 사람들의 얼굴은 더할 나위 없이 굳어 있습니다. "카이레테!"라고 다시 인사를 건네기는커녕 바쁜 걸음으로 저쪽을 향해 걸어가기만 합니다. 저쪽엔 무엇이 있기에 그럴까요?

불통의 사랑,
세리 레위

세관이 보입니다. 그렇습니다. 로마가 이런 장소를 놓칠 리가 없습니다. 그들은 이곳에 세관을 설치해 두었습니다. 이곳을 방문하는 사람이라면 반드시 통행세를 지불해야만 다른 지역으로 이동할 수 있도록 한 것이지요. 그뿐 아닙니다. 소산물과 상품들도 이곳을 경유할 때는 판매세를 지불하게 되어 있습니다. 어떠한 경우든지 가버나움의 세관을 지나가는 일은 피하지 못합니다.

　세관을 거치는 것. 이건 여간 부담스럽고 불쾌한 일이 아닙니다. 세리에게 세금만 지불하면 끝나는 것이 아니라 짐을 샅샅이 풀면서 세리로부터 검색을 당해야 하기 때문입니다. 조금이라도 의심이 가면 바로 로마 정권에 보고되어 심한 곤혹을 치르기 일쑤인 세관. 그러므로 이곳은 여행객들에게 사뭇 겁을 주는 장소입니다. 우리는 드디어 고개가 끄덕여집니다. 왜 이토록 사람들의 얼굴이 경직되어 있는지. 왜 "카이레테!"라는 인사를 받을 만한 여유가 없는지.

그런데 오늘, 바로 이 장소에 우리가 만나야 할 사람이 존재합니다. 그 사람을 만나기 위해서 예수님은 벌써 저만치 걷고 계십니다.

길 건너편에 있는 유대인들의 경멸스러운 눈초리가 느껴지십니까? 이편 세관에 앉아 있는 세리를 향한 증오의 눈빛입니다. 가버나움의 세관은 여행객들의 세금만 걷어 냈던 것은 아닙니다. 유대인들에게도 세금을 걷었습니다. 세금은 예부터 조공, 관세, 그리고 통행세 등의 이름으로 백성을 짓눌렀습니다스 4:13. 외인들의 착취가 끊일 날이 없던 이스라엘 백성 모두에게 납세의 부담은 서글픔과 억울함입니다. 억압을 받는 자가 억압하는 자에게 치러야 하는 피와 땀의 대가. 마치 밭 가는 자들이 그들의 등을 갈아 고랑을 길게 만드는 것과 같습니다시 129:3. 이곳에서 징수되는 세금은 단순히 돈을 수거해 가는 의미가 아닙니다. 백성의 마음을 도려내며 자존감과 근엄성을 징수해 가는 것이나 마찬가지입니다.

세리는 그런 파렴치한 일을 했습니다. 그래서 세리는 동족 유대인들로부터 용서받을 수 없는 존재입니다. 자신의 부만 챙기는 매국노와 다름없다고 여겨졌기 때문입니다. 이 세관에 앉아 있는 사람에게 몰려 있는 따가운 시선. 그 세리의 이름은 '레위'입니다. 후에는 '마태'라는 이름으로 알려지게 된 사람입니다막 3:18; 눅 6:15.

레위는 앞 장에서 우리가 만났던 나병 환자처럼 진영 밖에 거해야 하

간절함의 자리

는 사람은 아닙니다. 그렇지만 거의 동족들로부터 혐오스런 유령 취급을 받는 사람입니다. 마을 내에 집을 짓고 공동체 내에 함께 있지만 사람들은 그를 보아도 보지 못한 척하고, 말을 건네도 듣지 못한 척합니다.

"좋은 아침이네. 잘 지냈나?" 레위가 어쩌다 이웃에게 인사를 해도 상대는 인사를 받지 않고 눈을 흘기며 저쪽으로 가 버릴 겁니다. 되돌아오지 않을 인사. 그래서 레위는 이웃에게 인사를 하지 않는 사람입니다. 마을에서 중요한 문제를 논할 일이 있어서 "그 일이 어떻게 되어 가고 있지?"라고 레위가 문득 물어도 세리에겐 아무도 대꾸하지 않을 게 당연합니다. 동네 사람들끼리 둥그렇게 둘러앉아 세리 레위가 끼어들 틈을 주지 않겠지요. 그래서 레위는 마을의 문제에도 관심을 두지 않는 사람입니다. 레위가 길을 걷다가 분명 목격한 것이 있어서 법정에서 증인으로 서겠다고 말하는 것은 생각조차 할 수 없겠습니다. 증인의 자격? 이런 건 세리에게 주어지지 않으니까요. 레위가 무슨 말을 해도 그건 모두 진실이 아니라고 생각할 테지요잠 14:5하. 따라서 레위는 정의의 편에 서고 싶지도 않은 사람입니다.

다 소용없는 일입니다. 레위에겐 이웃과 더불어 관계를 맺고 함께 살아갈 수 있다는 꿈 따위는 없습니다. 레위에게 '함께'라는 단어는 날마다 가뭄일 뿐입니다.

소통할 수 없고 교류할 수 없는 사람. 우리는 지금 그런 레위를 바라봅니다. 그러면서 우리에게도 혹시 '함께'라는 단어가 가뭄이 아닌지 돌아보게 됩니다. 누군가와 소통과 교류가 막혀 있는 것은 아닌지. 내가 이렇게 이곳에 있긴 하지만 누군가에겐 그냥 유령처럼 느껴지는 존재는 아닌지. 내가 아무리 그들 곁에 있으려고 노력해도 그들은 나를 보이지 않는 사람으로 취급하고 전혀 말을 걸지 않는다면요? 레위는 그런 사람입니다. 격심한 따돌림과 거절을 경험하는 사람입니다. 날마다.

하지만 레위가 정말로 슬픈 것은 사람들의 배척 때문만이 아닙니다. 자신이 하나님과도 소통할 수 없을 정도로 가치 없는 인간이라는 것을 인식할 때입니다. 레위도 이스라엘 백성이므로 예배자로서의 갈망이 있습니다. 하나님께 예배드리고 싶습니다. 그렇지만 그는 회당 근처에 얼씬도 못합니다. 세리는 성전 가까이에 나아가지도 못합니다. 조금이라도 다가가면 "저 더러운 세리가 감히!" 하면서 쫓아냅니다.

레위, 그는 세리이기 때문에 거의 창녀들과 동급인 죄인으로 취급받습니다. 레위, 그는 세리이므로 유대인 공동체에서 절대적 아웃사이더입니다.[23] 날마다 레위는 성전 멀찍이 서서 감히 하늘을 쳐다보지 못하고 고개를 숙인 채 가슴을 치며 "하나님이여, 불쌍히 여기소서. 저는 죄인이로소이다"눅 18:13 참조라고 고백하지 않았을까요? 이런 경험이 있는지요? 가슴을 쓸어내리며 이 죄인을 불쌍히 여겨 달라고 기도하지만, 예배의 중심 자리에 감히 한 걸음도 나아갈 수 없었던 적이 있다면 레위의 이야기는 우리에게 결코 낯설지 않을 것 같습니다.

어떤 이들은 도대체 왜 레위가 그토록 지긋지긋한 세관의 자리를 떠나지 않는지 답답할 겁니다. '떠나면 될 걸. 다 그만두면 될 걸.' 이렇게 단순하게 생각할지도 모릅니다. 사실 레위는 떠나지 않는 게 아닙니다. 그는 떠나지 못합니다. 세관의 자리에 앉으면 적어도 그가 잠시나마 '유령'이 아니며 사람들과 피상적이나마 소통과 교류를 할 수 있으니까요. 만나는 사람이 뒤돌아서서 오랫동안 차갑게 째려볼망정, 그 순간만큼은 사람들과 대면해 말할 수 있는 특권이 주어집니다.

하지만 알다시피 세관에 앉은 세리 레위와 세관을 찾아오는 사람들이 나누는 것은 엄밀히 말해서 대화가 아니며, 돈이 오고 갈 뿐입니다. 즉 돈은 세리가 사람을 만날 수 있는 유일한 통로입니다. 레위도 모르지 않겠지요. 레위가 앉아 있는 세관의 자리는 영원히 행복할 수 없는 곳, 거룩한 이스라엘 백성이라면 앉지 말아야 할 장소라는 것을시 1:1. 그래도 이 얼음같이 싸늘한 공간, 영원한 고립과 따돌림의 감옥을 그는 떠나지 못합니다. 여기를 떠나면 자신의 존재감이 정말 홀연히 사라질 것 같아 두렵기 때문입니다. 레위는 더불어 살아가는 사랑의 관계가 너무나 간절한 영혼입니다.

여러분과 제가 혹시 이런 사람은 아닌지 돌아보게 됩니다. 더불어 살아가는 친밀한 관계가 진정 필요한 사람들이 바로 우리일 수 있습니다. 우리 역시 존재감이 홀연히 사라질 것 같아, 그 두려움 때문에 좁은 공간을 떠나지 못할 때가 있지요. 그저 자발적인 격리를 선택하는 것이 최선이라고 생각하고선.

주님께
한 발자국만 더

어떤 사람이 세관 앞에 서는군요. 세리는 그 사람과 '세금에 관한' 이야
기를 나누고 있습니다. 세리는 원하는 세금을 받아 내기만 하면 그만이
고, 지나가는 사람은 납세의 의무를 다하면 그만이겠지요.

우리는 이런 장면을 지켜보면서 이상하게도 마음이 아리기 시작합니
다. 누군가 정말 레위와 마주 보기 위해 세관 앞에 다가간다면, 돈이 아
니라 레위의 안부 때문에 그 앞에 서 주는 이웃이 있다면, 단순하고 형
식적인 인사가 아니라 진정 따뜻하게 "당신이 평강하길! 당신이 기쁘
길! 당신이 행복하길!"이라고 말해 줄 친구가 있다면. 여러분과 저는 그
런 따뜻한 인사를 건네주는 사람이 되고 싶어서 레위가 앉아 있는 세관
의 자리를 향해 발걸음을 옮겨 봅니다.

바로 이 순간입니다. 예수님도 이곳에서 발걸음을 멈추십니다. 예수
님은 아무도 세심하게 바라봐 주지 않는 레위를 오늘 보아 주십니다눅
5:27. 이때 '보다'라는 헬라어 동사는 '데아오마이'θεάομαι: theaomai입니
다. '데아오마이'는 그냥 보는 것이 아닙니다. 어쩌다 보게 된 것도 아닙
니다. '데아오마이'는 의도를 가지고 진지하게 지켜본다는 의미가 있습
니다. 깊이 주목하는 것입니다. 또한 방문할 목적으로 보는 것이 '데아
오마이'입니다. 가시 영역을 뛰어넘어 깊이 숙고해 관찰하는 것이 '데아

72   간절함의 자리

오마이'입니다.[24]

　예수님이 아무도 관심을 갖지 않는 이 사람에게 '데아오마이'하신 것은 오늘 예수님이 만나셔야 할 간절한 영혼이 다름 아닌 더러운 죄인 세리라는 것을 말해 줍니다. 우리는 이 광경을 바라보면서 가슴이 두근두근합니다. 오늘 예수님은 돈을 매개로 레위를 만나러 오신 것이 아니라, 사랑으로 레위를 찾아오셨음을 알 것 같습니다. 어서 레위도 예수님을 함께 마주 보아 주길.

　그러나 지금 레위는 돈을 꼭 쥐고 그 자리에 외롭게 앉아 있기만 합니다. 이 돈을 손에서 놓으면 모든 것이 다 비참하게 무너질 것 같아 더욱 꽉 쥐고만 있습니다. 시체가 '죽음의 관'棺에서 빠져나오지 못하듯이 유령처럼 취급받는 레위는 '세관'에서 빠져나오지 못하나 봅니다. 그러나 그 자리에 예수님이 더욱 친밀하게 다가가십니다. 우리도 더욱 가까이 나아갑니다. 예수님이 레위를 만나시는 곳. 그곳은 거룩한 성전이 아닙니다. 레위가 현재 거하고 있는 죄인의 자리입니다. 그곳으로 예수님이 임재하십니다.

　레위는 자기 앞에 예수님이 서 계시는 것을 알아차리곤 목을 가다듬고 뭔가를 말하려고 하는 것 같습니다. 예수님을 향해 무뚝뚝하게 "이 길을 지나려면 통행세를 지불하시오!"라고 짐짓 호령하려는 듯합니다. 그러나 예수님은 레위의 음성을 듣기 전에 먼저 이렇게 말씀하십니다. "나를 따르라"눅 5:27.

지금 레위의 표정을 보세요. 깜짝 놀라 얼굴이 하얗게 변합니다. 이런 대화가 전혀 준비되어 있지 않은 연유겠지요. 레위는 돈을 떠나서는 사람들과 교류하는 법을 알지 못하니까요. 돈이 주제가 아닌 대화는 주고받은 적이 없는 레위입니다. 사람들로 하여금 세금을 받아 내거나, 세금을 받아 내지 못하면 협박을 하는 것 외에 그가 익힌 대화술은 하나도 없지요. "나를 따르라"라는 예수님의 말씀을 들은 레위는 전혀 알아듣지 못하는 새로운 언어를 들은 듯 심한 충격에 휩싸여 있나 봅니다. 그의 숨이 좀 가빠집니다.

여태껏 그 누구도 "나와 함께 갈래?" 하며 손을 내민 적이 없었던 레위에게 따뜻하면서도 엄정한 권유가 당도했습니다. 레위는 두려워 보입니다. 갑자기 손이 덜덜 떨리고 있습니다. 세관의 자리에서 남을 위협하면서 살아왔는데, 세관 밖에 서 계신 저 예수라는 분이 레위를 오히려 '위협'한다는 느낌마저 들었나 봅니다. 그렇다고 해도 이것은 강박의 위협이 아니라 감미로운 위협이 아닐까요? "나와 **함께** 가자꾸나!"라는 언어. '함께'라는 단어.

레위의 손이 하도 떨려서 쥐고 있었던 차가운 동전들이 모두 바닥에 와그르르 쏟아져 버립니다. 그는 예수님을 다시 쳐다보고 있습니다. 예수님은 여전히 그의 바로 앞에 서 계십니다. 우리는 레위에게 이렇게 말해 주고 싶습니다. "한 발자국만! 한 발자국만 내디디면 되어요!"

레위가 한 발자국만 다가서면 예수님이 서 계신 곳에 닿을 수 있습니다. 그러나 우리는 압니다. 그 한 발자국이 얼마나 어려운 걸음인지. 아이러니하게도 '돈을 위한 고립'은 그에게 필수라는 생각 때문에 조금도 움직일 수 없는 것이지요. 이 세관을 벗어나면 과연 어떻게 될 것인가, 갈등하는 레위입니다. "나를 따르라"라고 말씀하시는 저분을 좇아가면 어떤 인생을 살아가게 될지 아직 모릅니다. 세리의 뒷목을 보세요. 땀이 줄줄 흘러내립니다. 세관의 자리를 벗어나는 것은 오랫동안 다리를 절뚝거렸던 사람이 그가 의지했던 목발을 내던지는 것만큼이나 위험스런 일입니다. '제발 한 발자국만!' 우리는 계속 마음으로 외쳐 봅니다.

드디어 레위가 입을 열어 예수님께 뭔가 말하려고 합니다. 늘 자신이 해 오던 말, "통행세를 지불하시오!"라고 말하고 싶어서 다시 머뭇거리는지도 모릅니다. 하지만 레위는 세관의 자리에 더 이상 앉을 수가 없다는 사실을 깨달은 것 같습니다. 예수님이 '통행세'를 지불하고 지나치는 사람이 아니라 사랑으로 '동행'해야 할 분이시라는 것을 부인할 수 없기 때문입니다.

'더불어 살아가는 사랑의 관계'가 한 발자국만 나서면 시작됩니다. 레위에게 간절한 것은 세금을 받아 내는 것이 아니라 사랑받는 일임을 놓치지 말아야 합니다. "나를 따르라"라는 예수님의 말씀은 명령이 아닙니다. 이것은 일생에 단 한 번 찾아오는 초대입니다.

이제 레위는 비장할 정도로 눈을 꾹 감습니다. 세관의 자리에서 벌떡 일어납니다. 그런 레위를 향해서 우리는 또 한 번 마음으로 '한 발자국만!' 외칩니다. 레위는 마침내 떨리는 한 걸음을 눈을 꾹 감은 채 용기 있게 내딛습니다. 곧 예수님 곁에 서 봅니다!

예수님 곁에 서게 된 레위의 얼굴을 보십시오. 갑자기 무슨 향긋한 냄새를 맡은 듯이 숨을 들이쉬면서 표정이 환해집니다. 돈 냄새에만 익숙한 그는 사람의 냄새가 무엇인지 잊어버렸던 겁니다. 곁에 계시는 예수님으로부터 느껴지는 인자의 냄새는 생명의 냄새입니다. 레위를 소생시키는 향기입니다. 레위는 지금 인자의 냄새를 맡고 있습니다.

예수님 곁에 선 레위는 처음으로 자신이 앉았던 세관의 자리를 객관적으로 바라보게 됩니다. 차가운 격리의 공간. 어두운 공간. 다시 돌아가고 싶지 않은 공간입니다. 더불어 살아가는 사랑의 관계가 매우 간절한 레위였는데, 이것은 참으로 위대한 결심입니다.

그러면서 저는 여러분에게도, 그리고 저에게도 이렇게 격려해 보고 싶습니다. 고통을 수반하면서도 지금 그 어떤 공간을 떠나지 못하고 있다면 오늘은 한 발자국을 움직여 그곳을 떠나기를. 존재감이 완전히 무너질 것 같아서 그 좁은 자리를 지키고 있다면 오늘은 기다렸던 한 발자국을 움직여 떠나기를. 격리와 따돌림의 자리로부터 예수님과 동행의 자리로 옮겨 가기를.

한 번 인자의 냄새를 맡은 레위는 이날로부터 예수님을 따르기로 결심합니다눅 5:28. '따르다'라는 말은 '아콜루데오' ἀκολουθεω: akoloutheō라는 헬라어 동사인데, 헬라어 성경으로 보면 이 동사의 시제가 미완료형으로 적혀 있음을 발견하게 됩니다. 미완료형으로 쓰였다는 것은 이때로부터 시작하여 계속적으로 따랐다는 것을 묘사합니다. 다시 말해 레위가 이날로부터 이후에도 지치지 않고 계속 예수님을 따랐다는 것을 나타냅니다. 격리된 세리가 아니라 스승을 모신 제자가 되어서 예수님의 뒤를 중단 없이 좇아갔다는 이야기입니다.

레위의
식탁으로의 초대

레위는 예수님을 따르면서 세관의 자리, 세리라는 직업, 그리고 가장 중요한 '돈을 위한 고립'을 버렸습니다. '고립'의 반대어는 무엇일까요? '연합'입니다. 사실 '레위'라는 이름은 히브리어로 '연합'이라는 뜻이랍니다창 29:34. 그는 자기 이름을 되찾은 셈입니다. 정체성의 회복입니다! 그러므로 "나를 따르라"라는 예수님의 권유는 궁극적으로 고립이라는 영역에서 연합의 영역으로 옮겨 주는 구원의 초대장이었음을 우리는 알게 됩니다. '고립된 레위'는 더 이상 어울리는 이름이 아닙니다. 레위는 '연합'하는 사람입니다. 그리고 여러분과 저도 이제 이곳에서 '연합하는 자'와 더불어 있게 됩니다. 우린 더 이상 소통할 수 없고 교류할 수 없는 사람이고 싶지 않습니다. '함께'라는 단어의 가뭄은 여기서 멈추어야 합니다.

　유대 문화에서 상대방과 연합하기 위해서 가장 먼저 하는 일은 식탁을 함께하는 일입니다. 식탁을 마주하고 앉아 음식을 나누어 먹는 것은 우리의 문화와도 아주 비슷하지요. 그래서 레위는 오늘 예수님을 모시고 성대한 식탁을 준비하려고 마음먹습니다. 레위는 지금 몹시 설레 보입니다. 세관에서 혼자 살아가는 법만 알았던 그가 사람들과 음식을 먹으면서 이런저런 이야기를 나눈다는 것은 그에게 흥분되는 일이겠지요. 예수님과의 연합은 사람들과의 연합도 의미합니다. 이 새로운 연합으로 인해 레위의 마음에 따뜻한 기쁨이 출렁일 것은 당연합니다. 고소한 생선 요리, 갓 구운 따뜻한 빵, 올리브유, 치즈, 여러 신선한 야채, 풍미 좋은 꿀, 잘 익은 대추, 그리고 촉촉하고 달콤한 무화과. 이런 음식들을 떠올려 보십시오. 우리는 성대한 식탁을 생각하며 마음이 풍요로워집니다.

　그런데 우리가 레위의 잔치에 초청받았냐고요? 마을 사람들이 철저하게 외면하는 곳, 더러운 죄인의 집이라고 취급받는 곳, 아무도 방문하고 싶어 하지 않는 '유령'의 집에 우리가 초대받았냐고 물어보신다면 제 대답은 확실합니다. 네, 우리는 초대받았습니다. 레위 집에 올 수 있는 사람이라면 세리들과 어울릴 만한 죄인이라는 것을 저는 잊지 않습니다눅 5:29. 여러분과 저 같은 연약한 죄인을 초청해 예수님과 연합하는 자리이기에 우리는 진정 초대받은 자 맞습니다. 더불어 먹고 마시며 사랑을 나누는 자리입니다. 레위의 식탁은 열린 공간입니다.

만일 누군가 거룩한 의인이어서 도저히 이 식탁에 앉을 수 없다고 여긴다면 레위의 식탁은 그에게 금기禁忌가 될 것입니다. 이레에 두 번이나 금식하는 사람들. 십일조도 꼬박꼬박 하면서 이를 자랑 삼는 사람들눅 18:12. 옷 술을 길게 늘어뜨려 거룩한 옷을 입는 사람들마 23:5. 회당의 높은 자리에 앉는 사람들마 23:6. 시장에서 문안받는 것을 좋아하는 사람들마 23:7. 이런 '의인'들은 레위의 식탁에 오지 못할 겁니다. '분리된 자'라는 뜻을 지닌 바리새인은25 연합하지 못하는 식탁입니다.

"건강한 자에게는 의사가 쓸데없고 병든 자에게라야 쓸데 있나니 내가 의인을 부르러 온 것이 아니요 죄인을 불러 회개시키러 왔노라"눅 5:31-32. 이 예수님의 메시지에 응해 우리는 레위의 식탁에 행복하게 앉을 겁니다. 레위의 집으로 들어가는 길목에서 우리는 고운 연지 빛 저녁 하늘을 발견합니다. 정성스레 준비한 음식 냄새가 집 앞까지 풍깁니다. 어서 이 식탁에 앉아 소중한 사람들과 연합하기를 기대하도록 만듭니다.

이즈음에서 잠시 레위의 식탁에서 저희 집 식탁으로 옮겨 가겠습니다. 가버나움을 걷는 이 여정의 글을 쓰는 도중 저는 부엌을 여러 번 들락날락했습니다. 축축한 앞치마가 아침부터 내내 둘려 있습니다. 냄비며 프라이팬이며 요리가 한창입니다. 다듬고 손질해야 할 야채도 많습니다. 오늘 저녁에 말레이시아 손님들과 집에서 식사를 할 예정입니다.

제가 사는 마을에서 함께 지내시는 반년 동안 우정을 쌓는 것은 물론, 자연스레 복음을 전할 수 있는 기회마저 주님이 주셨습니다. 이제 본국으로 돌아가시기 전 함께 모여 마지막 저녁을 나누려고 합니다. 오늘 저희 집 식탁이 '유카리스트'Eucharist, 헬라어 '유카리스티아'(εὐχαριστια)에서 비롯된 '성찬'이라는 용어의 감사의 자리가 되기를 기도하며 준비하고 있습니다.

부엌 창문으로 밖을 내다봅니다. 레위의 집으로 들어가는 길목에서 만난 고운 저녁 하늘과 이곳의 하늘이 맞닿아 있는 것만 같습니다. 오늘 여러분과 함께 가버나움 세관의 자리에서 이 연합의 식탁의 자리까지 옮겨 온 여정은 의미 있고 풍성했습니다.

다음 장에서는 여러분을 어느 회당에서 만나 잠시 안식하는 시간을 가지려 합니다. 갈릴리 밀밭 사이를 지나 곧장 걸어오면 보이는 회당에서 뵙겠습니다.

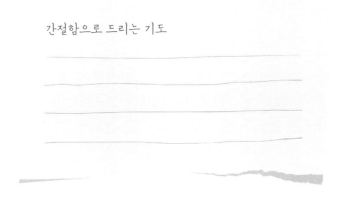

간절함으로 드리는 기도

　　　　　　　　　　　　　　　　　　간절함의 자리

지금 레위는 돈을 꼭 쥐고 그 자리에 외롭게 앉아 있기만 합니다.
이 돈을 손에서 놓으면 모든 것이 다 비참하게 무너질 것 같아
더욱 꼭 쥐고만 있습니다.
시체가 '죽음의 관'(棺)에서 빠져나오지 못하듯이
유령처럼 취급받는 레위는 '세관'에서 빠져나오지 못하나 봅니다.
그러나 그 자리에 예수님이 더욱 친밀하게 다가가십니다.
우리도 더욱 가까이 나아갑니다.
예수님이 레위를 만나시는 곳. 그곳은 거룩한 성전이 아닙니다.
레위가 현재 거하고 있는 죄인의 자리입니다.
그곳으로 예수님이 임재하십니다.

네 번째 만남

한 걸음도 내디딜 힘없는
영혼에게

오른손을 내밀라 눅 6:6-11

밀밭을 지나 회당에 나와 주셨네요. 평온한 숨을 한 번 깊이 들이마셔 보십시오. 이곳은 오늘 안식일입니다. 그런데 아직 회당의 예배가 시작되기엔 좀 이른 시각인 것 같습니다. 오늘은 우리가 일찍 만났나 봅니다. 함께 있으니 좋습니다. 저쪽 앞뜰에 좀 앉았다 들어가면 어떨까요? 이런저런 이야기를 나누면서요. 우선 오늘이 안식일이니, '안식'이라는 말이 성경 어디에서 제일 먼저 쓰였는지 그 이야기부터 해 보면 좋겠습니다.

'안식'이라는 단어는 성경의 가장 첫 번째 책에 쓰였습니다. 창세기를 보면, "하나님이 그가 하시던 일을 일곱째 날에 마치시니 그가 하시던 모든 일을 그치고 일곱째 날에 안식하시니라"창 2:2라고 되어 있습니다. 하나님이 안식하신 날이 '일곱째' 날이라고 되어 있지요. 히브리어로

'일곱'은 '쉐바'šeba'입니다. 모든 일을 그치고 쉴 수 있는 날이 일곱째 날이기에 유대인들에게 '일곱'은 완전함을 나타내는 숫자이기도 합니다. 그래서 '쉐바'는 완전함과 엄숙함을 나타내는 '맹세'와도 연관이 됩니다. '맹세하다'라는 히브리어 동사는 여기서 파생해 '샤바'šāḇa'라고 합니다.

참고로 창세기를 보면, 아브라함이 아비멜렉과 더불어 상호 조약을 맺을 때 암양 새끼 일곱 마리를 따로 놓으며 우물 판 증거를 삼았기에 그곳을 '브엘세바'라고 이름했다고 하는데창 21:30-31, '브엘세바'는 '일곱의 우물'히브리어로 '우물'은 '브에르'beēr임과 동시에 '맹세의 우물'도 된다는 점을 알아 두시면 좋을 것 같습니다.

일곱째 되는 날, 유대인들은 이날을 '샤바트'šabbāṯ라고 부르며 모든 일을 멈추고 안식에 들어갑니다. 그런데 '샤바트'는 '멈춤'과 '쉼'의 의미만 있는 것은 아닙니다. 잠깐 출애굽기의 구절을 떠올려 보겠습니다. "나 여호와가 엿새 동안에 천지를 창조하고 일곱째 날에 일을 마치고 쉬었음이니라"출 31:17라는 구절입니다. 여기에도 물론 '쉼'이 나오기는 합니다만, 여기서의 '쉬다'라는 말의 의미는 약간 다릅니다. 여기 쓰인 '쉬다'라는 히브리어 동사 '이나파쉬'yyinnāp̄aš는 3인칭 수동형을 나타내는 '니팔'Niphal 형태의 동사로,[26] '자유롭게 숨을 내쉬다'[27]라는 뜻입니다. 그런데 이 동사를 문자 그대로 풀어 보자면, '영혼'을 나타내는 '네페쉬'nep̄eš를 되찾는다는 의미가 있습니다.[28] 따라서 안식일은 단순히 쉬면서 영혼의 활동이 멈추어 버리는 날이 아니라, 드디어 숨을 내쉬며 영혼을 되찾고 소생시키는 날이라는 것을 알 수 있습니다. 회당 앞뜰에서 저는 여러분을 바라보면서 "이나파쉬!"라고 말해 봅니다. 참으로 오늘 이 안식일에는 우리의 영혼을 되찾고 소생시키기를 소망해 봅니다.

그런데 한 가지 더 말씀드리고 싶습니다. 하나님이 모세를 통해 백성과 언약을 맺으시고 안식일을 지키는 것을 표징으로 삼으신 데는 이유가 있습니다출 31:13. 이스라엘 백성은 더 이상 애굽의 노예가 아니기 때문입니다. 날마다 주인의 억압 속에 살아야 하는 노예들에게는 안식이 없습니다. 영혼을 회복시킬 쉼이란 꿈도 꿀 수 없는 것입니다. 멍에를 지고 채찍을 맞아 가며 노동만 할 뿐입니다. 세상에 영혼이 팔리고 잊힌 바 되어도 상관없습니다. 노예는 그렇게 일을 하다가 안식의 숨 한 번 들이마셔 보지도 못하고 죽어 가야 합니다. 그러나 자유와 해방을 얻은 하나님의 백성은 다릅니다. 그들에겐 안식의 특권이 주어집니다. 일을 잠시 멈추고 쉴 수 있다는 것은 존엄성의 회복이기도 합니다. 그리하여 그들에겐 안식할 때가 남아 있는 것입니다히 4:9.

그렇다면 여러분께, 그리고 제게 이런 질문을 던지고 싶네요. 하나님의 백성으로 살아가야 할 우리의 안식은 어떤지. 우리에겐 진정한 안식이 주어져 있는지 궁금해집니다. 혹시 하나님과의 깊은 교류가 이루어지고, 안식의 숨을 내쉬며 영혼이 회복되어 가는 시간이 너무 낯설어져 가는 것은 아닌가요?

2003년 3월 미국의 유태계 저널리스트 주디스 슐레비츠Judith Shulevitz

가 〈뉴욕 타임즈〉에 "안식일을 되돌리며"Bring Back the Sabbath라는 글을 기고한 적이 있습니다. 그녀는 "안식일이 과도한 일정에 시달리는 휴일로 대체되고 말았다"고 한탄했습니다. 그리고 이렇게 덧붙였지요. "우리는 멈추기를 기억해야만 한다. 왜냐하면 우리는 기억하기 위해서 멈추어야 하기 때문이다"We have to remember to stop because we have to stop to remember.[29]

그렇습니다. 우리는 '우리가 누구인가'를 기억하기 위해 가끔 멈추어야 하는데, 좀처럼 멈추지 못합니다. 마치 세상 주인에게 묶인 노예처럼 우리의 영혼을 잃을 만큼 온 존재를 혹사시킵니다. 24시간 내내 불이 꺼지지 않는 회사, 도서관, 학교, 그리고 끊임없이 연속으로 영업하는 식당과 주유소, 극장, 유흥업소. 이 세상은 "한순간도 멈추지 말라"고 합니다. 쉼 없이 일하라고 죄면서, 동시에 쉼 없이 고단한 향락을 누리라고도 말합니다. 성공하고픈 욕심의 노예가 되거나 재미난 욕망의 노예가 되라고 재촉합니다. 우리가 부스러질 흙으로 만들어진 존재라는 것을, 하나님의 생령을 받지 못하면 숨을 쉴 수 없는 존재창 2:7라는 것을 까마득하게 잊은 것만 같습니다.

안식일로 주일을 성수하는 우리 그리스도인들에게도 마찬가지라고 생각합니다. 모두가 다 그렇지는 않지만, 끝없는 헌신의 요구와 성도 간의 교제를 가장한 사람들과의 만남 속에서 주일은 주중 가장 바쁘게 일하는 날, 쉼 없는 날로 둔갑하기도 하니까요.

안식일에 숨 쉬지 못하는
손 마른 사람

앞뜰에서 여러분과 나눈 이야기가 좀 무겁고 길어졌네요. 때마침 사람들이 한 명, 두 명 회당 쪽으로 걸어 들어갑니다. 예수님도 회당에 들어가십니다눅 6:6. 곧 예배가 시작될 모양입니다. 바리새인들도 당도했습니다. 저쪽에 '거룩한' 걸음을 걸으며 회당 높은 자리에 앉는 사람들이 보이시지요막 12:39 참조? 바리새인들은 마치 영혼이 오롯이 멈추어 굳은 것처럼 안식일을 철저히 지키는 사람들입니다.

저 구석 초라한 자리에 앉아 있는 사람도 있군요. 침울하게 앉아 있는 사람. '안식'할 수 없을 만큼 괴로운 사람 같아 보입니다. 아, 그는 '오른손'이 말라 굳어 있는 사람입니다. 바로 이 사람이라는 것을 우리는 단번에 알 수 있습니다. 이 안식일에 예수님이 만나 주실 간절한 영혼이라는 것을요.

바리새인들과 손 마른 사람은 좌석 배치부터 참 대조적이라는 생각이 듭니다. 바리새인들은 저렇게 높은 곳에 거하는데, 이 사람은 이렇게 낮은 곳에 처해 있습니다. 그뿐 아닙니다. 자세히 보십시오. 눈빛도 대조적입니다. 바리새인들은 엿보는 눈을 지녔습니다. 예수님의 행동에서 흠을 발견하고 고발할 증거를 찾기 위해 호시탐탐하는 눈. 밤낮 참소하려는 눈빛. 뭔가와 닮아 있는 눈빛입니다계 12:10. 그러나 손 마른

간절함의 자리

사람의 눈은 눈물로 젖어 자비를 구하는 눈입니다. 마치 상전의 손을 바라보는 종의 눈과 같습니다시 123:2. 멸시와 구박을 받으면서도 은혜를 간절히 기대하는 눈빛입니다.

그런데 또 보십시오. 이런 바리새인들과 손 마른 사람 사이에 공통점도 하나 있습니다. '기다림'입니다. 바리새인들은 지금 기다리고 있는 것 같습니다. 예수님이 율법의 계명을 어겨 죄의 함정에 빠지시기를. 물론 손 마른 사람도 기다리고 있는 것이 확실합니다. 그의 말라 있는 오른손이 언젠가 온전히 회복되기를.

여러분은 느끼십니까? 이 안식일에 회당에서 느껴지는 긴장감을요. 바리새인들과 손 마른 사람 사이에는 분명 긴장감이 있습니다. 안식일은 거룩히 지켜야 하므로 아무 일도 하지 말아야 하는 것, 그 자체는 율법에 비추어 생각할 때 맞습니다출 20:8-11. 그럼에도 예수님이 손 마른 사람을 오늘 이 안식일에 고쳐 주신다면 어떻게 될까요? 율법을 어기는 것이므로 죄를 짓는 일이 되는 걸까요?

이것은 단순한 문제가 아닌 것 같습니다. 안식일은 궁극적으로 '일의 중지'를 위해서 존재하는 것이 아니라 엄연하게 '자유를 얻은 하나님의 백성'을 위해 존재하는 날이기 때문입니다. 즉 사람을 위해 안식일이 존재하는 것입니다막 2:27. 따라서 생명을 구하는 일이라면 안식일에도 얼마든지 할 수 있고, 해야만 합니다마 12:11. 인간에게 가장 필요한 생존마저 누르려고 율법이 존재하는 것은 아니랍니다. 하나님은 그런 의미에서 율법을 주신 적이 결코 없습니다.

사실 유대인들도 이런 개념을 모르지 않습니다. 그래서 그들에게는 '피쿠아흐 네페쉬'pikkuaḥ nepeš: Pikuach Nefesh라는 법이 있습니다. '피쿠아흐 네페쉬'라는 말은 '생명을 보존하다'라는 뜻입니다. "규례와 법도를 지키면 그로 인하여 살리라"레 18:5 참조라는 율법을 안식일 법 예외 조항에 적용한 것이지요.[30] 안식일에 아무 일도 하지 못하도록 금하고 있지만, 생명의 위협을 느끼는 경우라든지 몹시 긴박한 사정이 생기면 안식일 법을 지키되 예외 조항도 있다는 것을 인정하는 내용입니다.

예를 들어, 산모가 진통을 겪어 곧 아기가 태어나야 하는 경우 산파는 안식일에도 일을 할 수 있습니다. 혹은 할례를 받아야 하는 날이 안식일과 겹친다면 미루지 않고 할례를 받도록 허용합니다. 이것은 정결하게 하는 예식이므로 미룰 수 없다고 판단했던 겁니다요 7:23.

그럼 지금 회당에 있는 손 마른 사람은 어떠합니까? 오른손을 움직일 수 없고, 온전히 펼 수 없습니다. 몹시 괴롭고 불편합니다. 과연 그의 오른손은 생명과 절실한 관계가 있을까요? '뭐, 오른손 한 부분이 마른 것인데 생명과 큰 연관이 있겠어?' 하면서 간과한다면 이것은 오류입니다. 그의 오른손은 생명과 긴밀하게 연결되어 있기 때문입니다.

'오른손'은 히브리어로 '야민'yāmîn 입니다. 창세기에 나오는 족장 야곱의 아들 중 '베냐민'을 떠올려 보세요. 야곱의 아내 라헬은 두 번째 아들을 낳다가 죽게 되었기에 처음에는 이 아들의 이름을 '베노니'라고 지었습니다. '베노니'는 '나의 슬픔고통의 아들'이라는 뜻입니다. 이 아들을 낳으면서 그만큼 절망스러웠던 것이 분명합니다. 하지만 야곱은 그 아들을 '베노니'라고 부르지 않고 '베냐민'이라고 불렀습니다. '베냐민'은 '오른손의 아들'이라는 뜻입니다창 35:18. 야곱은 사랑하는 아내를 먼저 떠나보내야 했지만 이 아들만큼은 그의 오른손으로 잡았음을 나타냅니다. 야곱이 죽음이 아니라 생명을 붙들었다는 뜻입니다.

이와 같이 유대인들에게 오른손은 생명과도 마찬가지입니다. 뿐만 아니라 힘과 능력과 의로움, 그리고 복됨을 상징합니다.[31] 주의 오른손이 주의 백성을 붙들고시 18:35, 굳세게 하며, 도와준다고 믿습니다사 41:13. 오른손은 인도하는 손이기도 합니다시 139:10. 이런 오른손이 굳어 있다는 것은 그 영혼이 숨을 쉬고 있지 못하다는 것을 의미합니다. 오른손을 움직일 수 없다는 것. 영혼이 죽어 가고 있다고 보아도 틀리지 않습니다.

손 마른 사람에게는 진정한 안식이 없습니다. 이 간절한 자가 오늘 예수님과 한자리에 있는 것입니다. 그래서 회당 안은 전에 없는 초조함이 고조됩니다. 바리새인들이 엿보고 있는 이 순간눅 6:7 과연 어떤 일이 일어날지요? 여러분과 저는 회당 안에서 마른침을 삼키며 이 안식일의 초조함을 달래 봅니다.

오늘 회당에
진정한 안식일이 임하다

이때입니다. 예수님은 지체 없이 손 마른 사람에게 말씀하십니다. "일어나 한가운데 서라"눅 6:8. 손 마른 사람은 적이 놀라는 표정입니다. 그가 오늘 이 회당의 한가운데 서게 될 줄은 기대하지 못했을 테지요. 늘 오른손이 불편해서 사람들 앞에 서기엔 자신감이 없는 사람이니까요. 사람들 앞에 나서려면 수치감이 앞서기만 할 테지요. 그래서 사람들이 모이는 장소에선 외곽에 앉아 있는 것이 편안하다는 걸 우리는 이해합니다. 눈에 띄지 않아 남몰래 고뇌할 수 있는 장소. 그 자리가 손 마른 사람의 자리였던 겁니다. 그런데도 예수님은 바로 그 장소, '한가운데'로 그를 부르십니다. 회당 높은 자리에 앉은 바리새인들이 확연히 볼 수 있는 한가운데!

오른손 마른 사람은 회당 중심으로 나아가야만 합니다. 예배의 중심 자리에 거해야 합니다. 그는 처음엔 좀 망설이는 것 같더니 곧 일어나서 앞쪽으로 나아갑니다. 바리새인들의 날카로운 눈빛이 느껴집니다. 그들은 노렸던 기회가 드디어 왔구나, 생각하는 것만 같습니다.

이런 위기감이 맴도는 순간에 예수님은 회당 상석에 앉아 있는 바리새인들에게 느닷없이 질문을 하나 던지시는군요. "내가 너희에게 묻노니 안식일에 선을 행하는 것과 악을 행하는 것, 생명을 구하는 것과 죽이는 것, 어느 것이 옳으냐"눅 6:9. 손에 땀을 쥐고 예수님의 행동을 주시하던 바리새인들은 생각지도 못한 질문을 받아 넋이 나가 버린 것 같습니다. 입을 떡 벌리고 아무 대답도 못하고 있습니다. 이 질문에 대해서 우리는 어떤 대답을 할 수 있을까요?

대답을 생각해 보는 사이에 신학대학원을 다니면서 만났던 좋은 친구 아만다Amanda가 보내 준 카드를 떠올려 봅니다. 카드 안에는 친구의 가족사진이 들어 있었습니다. 사진 밑에는 "기도해 주어서 고맙다"라고 시작하는 따뜻한 메시지가 적혀 있었지요. 사진 속에는 아만다와 남편 닐Neal이 다정하게 앉아 있고, 귀여운 딸아기 애나Anna가 아빠 품에 포옥 안겨서 방긋 웃고 있었습니다. 이 사진은 지금도 제 책상 옆 코르크판에 붙어 있습니다. 이 사진을 볼 때마다 저는 입가에 흐뭇하고 뿌듯한 웃음이 맴돕니다.

아만다가 닐을 만난 것은 상담소에 찾아온 그를 어느 날 우연히 상담해 주면서였습니다. 그는 끊을 수 없는 어떤 중독 때문에 갈등을 겪고 있는 형제였습니다. 닐을 상담하던 첫날, 아만다는 집으로 돌아와 무릎을 꿇고 주님께 간구했습니다. 이 형제의 영혼을 주님이 반드시 소생시켜 주시길. 그리고 그날 이후 아만다는 닐을 진실로 사랑하게 되었습니다. 그러나 역기능적인 가정에서 자란 닐은 아만다의 순수한 사랑을 받을 줄을 몰랐습니다. 남을 어떻게 사랑해야 할 줄도 모르는 형제였기에 둘의 만남은 순조롭지 못했습니다. 아만다 주변 사람들과 교회 식구들조차도 그녀를 향해 걱정과 우려의 소리를 높였습니다. 그렇지만 아만다는 닐과 함께 매주 본당 한가운데로 나아와 밝은 자리에 앉아 예배를 드렸습니다. 아만다는 믿었습니다. 오랫동안 굳어 있는 닐의 '오른손'을 펴 주실 수 있는 분은 오직 하나님이시라고. 닐이 그 손을 펴서 타인이 내미는 따뜻한 손을 잡도록 그녀를 도와주셔야 한다고.

수많은 어려운 나날을 보내고, 닐은 드디어 중독에서 해방되고 영혼이 온전히 회복되었습니다. 말라 있었던 그의 '오른손'이 드디어 온전히 펴졌습니다. 닐은 아만다의 헌신적인 사랑을 눈물로 감격하며 받아들였습니다. 둘은 두 해 전에 행복한 결혼식을 올렸고, 지금은 예쁜 딸도 얻었습니다. 현재 이 부부는 이런저런 중독 때문에 고통받는 많은 영혼을 구하는 사역에 힘껏 매진 중입니다.

그럼 다시, 회당 안에 있는 손 마른 사람을 만져 주시는 예수님의 질문을 생각해 보겠습니다. "내가 너희에게 묻노니 안식일에 선을 행하는 것과 악을 행하는 것, 생명을 구하는 것과 죽이는 것, 어느 것이 옳으냐"눅 6:9. 이 질문에 대한 대답은 이제 어렵지 않을 것 같습니다. 예수님은 곧이어 손 마른 사람에게 이르십니다. "네 손을 내밀라"눅 6:10. 어떤 손이지요? '오른손'입니다. 힘과 능력과 의로움, 그리고 복됨의 상징인 오른손. 생명과도 같은 오른손입니다. 그의 오른손은 그의 영혼과도 같습니다. 그 오른손을 펴라고 예수님이 명령을 내리십니다.

손 마른 사람은 자기 오른손을 보면서 한참 깊은 고뇌에 빠져 있는 것 같습니다. 한 번도 펴 보지 못한 손. 펴 볼 생각도 하지 못했던 손. 그 손을 이제 펴 보아야 합니다. 우리는 그를 보면서 손을 펴라고 마음을 다해 응원하게 됩니다. 손 마른 사람의 얼굴엔 비 오듯 땀방울이 쏟아집니다. 그는 얼굴이 잔뜩 일그러져서 있는 힘을 다해 손을 펴려고 노력합니다. 그동안 굳어 있었던 손이기에 너무나 어색하고 고통스러운 것이 분명합니다. 차라리 펴지 않는 것이 더 편안할 수도 있겠습니다. 하지만 그건 생명을 포기하는 일입니다.

저것 좀 보십시오! 이내 조금씩 오그라진 손이 펴집니다. 그리고 이제 그의 '오른손'이 온전히 펴집니다. 그의 멎었던 숨이 갑자기 돌아오듯 안도의 숨이 가슴 깊은 곳에서부터 터집니다. '이나파쉬!' "그가 쉬었음이니라"출 31:17 참조. 멎었던 숨이 터지듯 그는 그의 영혼을 되찾았습니다. 이것이 진실된 회복입니다눅 6:10, 참조 마 12:13; 막 3:5! 오늘은 그에게 참 안식일입니다! 이곳, 이 회당에 진짜 안식일이 도래했다고 느낍니다.

그런데 참 이상합니다. 우리에겐 이렇게 기쁜 안식일이건만 바리새인들에게 오늘은 '노기가 가득한' 안식일이기도 하다는 사실이 그렇습니다눅 6:11. 지금 바리새인들은 씩씩거리고 있습니다. 안식일의 참 의미를 모르면 '안식'이 아니라, '안식을 위한 규례'가 누군가의 쉼을 앗아가는 것 같습니다. 오늘 우리는 진실로 숨을 쉬며 영혼을 되찾으며 '안식'하고 싶습니다.

여러분과 저는 이제 회당 밖으로 나옵니다. 우리는 다시 앞뜰에 고요하게 앉아 봅니다. 저는 지금 저의 오른손을 바라봅니다. 제 오른손이야말로 중단 없는 세상사의 분투 때문에 오랫동안 굳어 있었던 건 아닌지 다시 돌아보게 됩니다. 생명의 숨을 쉬며 살아오고 있었는지. 영혼을 되찾는 진정한 안식을 하며 살고 있었는지. 아니, 누군가의 말라 있는 오른손을 회복시켜 주기 위해 다가간 삶이었는지. 지금 여러분의 오른손은 어떤가요?

저는 오른손을 펴서 위를 향해 올려 봅니다. 여러분의 오른손도 힘껏 펴서 위를 향해 올려 주십시오. 피조물인 우리가 조물주를 향해 경배를 드리고 싶습니다. 생명을 주시고 그 생명을 주관하시는 하나님께 감사를 올려 드리는 진정한 예배. 이나파쉬! 신의 숨을 느껴 보기 위해 눈을 감습니다. 그리고 안도의 숨이 영혼 깊은 곳에서 터져 나오기를 구합니다. 우리는 멈추어 기억합니다. 우린 세상의 노예가 아니라는 사실을. 여러분과 저는 자유를 얻은 하나님의 자녀라는 감격스런 사실을. 그의 안식에 들어간 자는 하나님이 일을 쉬심과 같이 그도 쉴 수 있다는 것을히 4:10. 이날에 저는 여러분과 저의 오른손이 펴지는 축복을 기쁘게 받습니다.

회당에서의 '쉼의 하루'를 이렇게 마칩니다. 오늘은 갈릴리의 참 좋은 안식일이었습니다. 다음 장에서 가버나움에서 다시 만나렵니다.

간절함으로 드리는 기도

다섯 번째 만남

연약한 가운데
주를 바라보는 영혼에게

합당하오니 눅 7:1-10

연약함과 믿음. 이 둘은 다른 것 같은데 떼려야 뗄 수 없이 공존합니다. 왜 이런 이야기로 서두를 시작하느냐고요? 오늘 제가 여러분을 만나기 전에 뵈었던 어르신이 생각나서입니다.

4년 전쯤 아내 로즈Rose와 사별해 혼자 살고 계시는 딕Dick이라는 어르신을 뵈었는데 여러 이야기를 나누어 주셨습니다. 이 말씀이 특히 가슴에 남습니다. "세월이 지나갈수록 내가 모르는 것이 너무 많다는 것을 느낍니다. 젊을 때는 아는 것이 많다고 생각했는데 큰 착각이었죠. 내 힘으로 삶을 잘 영위할 수 있으리라 자부했던 것도 어리석었고요. 내 삶을 이끌어 준 것은 뒤에서 은밀히 일하시는 주님의 손길이었습니다. 시련과 어려움을 겪으면서 나는 이제 육신도, 마음도 연약해진 노인이 되었어요. 그렇지만 놀랍게도 이 연약함이 주님을 더욱 의지하게 하고 전에 없던 믿음을 갖게 해 주는 것 같아요. 나의 연약함이 이제는 나의 믿음의 선행 조건이 된 셈이죠. '내가 약할 때 강함'이라는 구절고후 12:10이 요즘처럼 마음에 와 닿을 때가 없어요. 지금부터는 남은 생애를 주님과 함께 잘 마무리하고 싶어요. 삶의 경주를 훌륭히 마치고 사랑스런 로즈가 있는 본향으로 가야지요."

어르신의 촉촉이 젖은 눈가. 한없이 선한 얼굴. 저는 그분의 이야기를 듣고 분명 그렇게 아름답게 생애를 매듭지을 뿐 아니라 그리스도의 향기를 많은 사람에게 남기실 거라고 대답했습니다. 제게도 그 향기를 남기고 계시고, 아내분도 하늘에서 무척 자랑스러워하실 거라고. 그랬더니 고맙다며 제 손을 꼭 잡아 주셨습니다. "아무도 주께 합당한 사람은 없어요. 보혈을 흘려 주신 주님을 믿을 때에만 우리는 담대함을 얻을 수 있습니다. 한 살이라도 젊을 때 더 많이 기도하고 영적으로 깨어 있어야 합니다. 그래야 충분히 사랑할 수 있고 삶을 감격하며 살 수 있어요"라고 격려해 주셨습니다.

'강함과 믿음'이 아니라 '연약함과 믿음'이라는 진리. 믿음의 노장의 말씀을 새기며 오늘 돌아왔습니다. 여러 면에서 항상 연약할 수밖에 없는 저 자신은 오늘 어르신의 이야기를 듣고 나니 깊은 위로를 받은 것 같아 마음이 평안했습니다. 자, 제 이야기는 여기서 마치고, 어서 여러분과 갈릴리의 가버나움 마을로 들어가 함께 걷겠습니다.

제가 여러분과 함께 세리 레위를 만났던 세 번째 만남에서 미리 설명하지 못했는데, 가버나움은 '나훔의 마을'이라는 뜻이랍니다. '나훔'nahūm이란 '위로'라는 뜻이 있으니, 이곳이 '위로의 마을'이라고 생각하시면 됩니다.

오늘은 앞서 우리가 걸었던 복잡한 세관이 있는 곳을 피해 좀 한가한 마을로 진입하게 됩니다. 이곳 공기는 상쾌합니다. 갈릴리 바다의 출렁거리는 파도 소리도 시원하게 들립니다. 불어오는 바람은 푸른색으로 가득합니다. 성기고 거칠어진 마음을 만지고 가는 것 같습니다.

예수님도 이 길을 걷고 계십니다. 그런데 이 길을 걷고 계신 이 순간은 "모든 말씀을 백성에게 들려주시기를 마치신 후"눅 7:1입니다. 무슨 말씀이었는지 알아보는 것이 좋겠습니다. 예수님이 들려주신 말씀은 누가복음 6장에 나온 말씀이라고 받아들이면 틀리지 않을 것입니다. 가난한 자, 주린 자, 그리고 우는 자가 나오는 말씀입니다. 모두 연약한 자들입니다. 오늘 혹시 여러분이 이런 사람인지 궁금합니다. 마음이 빈곤하며, 말씀에 주리며, 삶이 힘겨워 울고 있다면 이런 말씀을 드리고 싶습니다. 가난하고, 주리고, 우는 여러분은 복이 있다고요눅 6:21-23. 예수님은 바로 그런 사람들이 복되다고 말씀하셨습니다.

예수님의 말씀은 듣고 행하는 자와 행하지 아니하는 자에 관한 비유로 귀결됩니다. 듣고 행하는 자는 반석 위에 주추foundation, 기둥 밑에 괴는 돌를 놓은 사람이며, 행하지 아니하는 자는 주추 없이 흙 위에 집을

간절함의 자리

지은 사람과 같다고 하셨지요눅 6:46-49. 믿음으로 결론을 맺으셨습니다. 연약함에서 믿음으로 귀결되는 메시지. 이 말씀을 들려주기를 마치신 후에 이 길을 걷고 계신 것입니다.

합당한 백부장, 사랑하는 종이 병들다

예수님은 길모퉁이를 돌아 좀 큰길로 접어드십니다. 이 길에 들어오니 사람들이 많네요. 그런데 방금 소식 하나가 당도했습니다. 어떤 백부장에 관한 소식이라는데, 이 백부장이 누구일까요? 곧 우리는 소식이 마을 전체에 쫙 퍼져 있다는 걸 감지하게 됩니다. 사람들마다 그 백부장 이야기를 하고 있으니까요. 아마도 백부장이란 사람은 가버나움에선 아주 잘 알려진 인물인 것 같습니다. 백부장. 이름도, 얼굴도 모르는 사람이지만, 일단 그가 어떤 존재인지 잠깐 알아보겠습니다.

백부장이라 함은 100명의 군사를 지휘하는 사람이라고 알아 두시면 됩니다. 로마 군대는 28개 정도의 군단으로 나뉘어 있었는데, 그 군단은 다시 10개의 대대로, 그리고 대대는 6개의 백인대百人隊로 나뉘어 있었지요. 백인대의 책임을 맡은 자가 바로 백부장입니다.[32] 그렇지만 꼭 100명으로 이루어진 군대는 아닙니다. 100명 가까이 되어도 '백인대'로

분류를 합니다.

백부장의 위치는 일반 군사로 출발해 가장 높이 올라갈 수 있는 직급입니다. 아주 영예로운 직책입니다. 군인이라면 누구나 백부장이 되고 싶어 했습니다. 그러나 백부장이 되는 것은 쉬운 일이 아니었습니다. 우선 황제에 대한 변함없는 충성심과 로마 제국을 향한 애국심을 인정받아야 했습니다. 당연히 전쟁 지휘 능력이 뛰어나야 했으며, 100명 가까이 되는 부하 군사들을 철저하게 훈련시켜야 하는 놀라운 리더십과 카리스마도 필요했습니다. 백부장은 적어도 15년에서 20년의 군대 생활 경험이 있는 사람 중에 유능한 자만이 얻을 수 있는 타이틀이었으므로, 자긍심이 대단했습니다.

사회적으로 누리는 혜택도 굉장해서 설사 백부장이 잘못을 저질러서 소송에 걸렸을지라도 언제나 백부장에게 유리하도록 판정이 내려져야만 했습니다. 백부장은 절대적인 리더십을 발휘하기 위해 그 누구에게도 겸손함, 공손함, 그리고 연약함을 보여서는 안 되도록 교육받게 됩니다. 그러므로 백성 중 그 누구도 백부장 앞에선 고개를 함부로 들 수 없었습니다.

한마디로 백부장은 세상적으로 볼 때 갖춘 자입니다. 또한 가진 자입니다. 강한 사람입니다. 주님이 말씀하셨던 가난한 자, 주린 자, 그리고 우는 자 등 연약한 이미지가 떠올려지지 않는 사람이지요.

이런 백부장의 사랑하는 종이 병이 들어 죽게 되었다는 소식이 예수

간절함의 자리

님 앞에 당도해 있는 겁니다눅 7:2. 그런데 이방인 백부장의 소식을 들고 온 사람들을 보니 다른 사람도 아니고 유대인 장로들이라는 사실에서눅 7:3 우리는 좀 의아해집니다. 그 당시 백부장과 유대 장로들 사이는 그렇게 좋지 못했습니다. 그럼에도 지금 유대인 장로들이 백부장을 위해서 예수님께 청탁을 하고 있습니다.

여기서 두 가지 사실을 유추해 볼 수 있겠습니다. 첫째, 평소 백부장이 이례적으로 유대인 장로들과도 절친한 사이였으리라는 것을. 둘째, 백부장이 사랑하는 종의 병환이 매우 위급해 생사를 넘나들고 있으리라는 것을. 두 가지 사실이 모두 맞을 것입니다.

하지만 우리는 또 의아해집니다. 특히 두 번째 사실이 그렇습니다. 종이 병들었다는 소식이 왜 이토록 백부장에게 심각한 것인지 매우 궁금해집니다. 오해 마십시오. 종의 병듦이 안타깝지 않아서가 아닙니다. 매우 안타깝습니다. 그렇지만 그 당시 사회 배경을 감안해서 이 소식을 살펴보면, 백부장의 반응이 약간 지나치다는 생각이 언뜻 들지 않으십니까? 백부장 정도의 사회적 위치를 지닌 자는 종을 돌보는 사람이 아니지 않을까요?

종은 인권이 없었습니다. 그리고 로마 시대에는 아주 상류층 부자들만 종을 부리고 살았던 것이 아닙니다. 어느 정도 생활이 안정만 된다면 종을 둘 수 있었고, 이 집, 저 집 적어도 한 명의 종은 있었습니다.[33] 사회적으로 어려운 사람들을 거두어 준다는 의미에서 종을 두기도 했던 시절입니다. 물론 부자들은 더 많은 종을 거느릴 수 있었습니다.

백부장이라면 부유했기 때문에 종이 아쉬운 사람은 아니었을 것입니다. 만일 종이 병들어 죽게 된다면 노예 시장에 가서 더 건강하고 젊은 노예를 살 수 있을 정도의 재력이 되고도 남습니다. 우리는 그렇기 때문에 여기서 종을 치유해 달라는 백부장의 청탁은 당시 사회 배경으로 볼 때 '정말 가치 있는 일인가? 합당한가?' 하고 길에 멈추어 서서 생각하지 않을 수가 없습니다.

예수님도 길에 멈추어 서서 유대인 장로들로부터 백부장의 종에 관한 청탁을 묵묵히 듣고 계십니다. 유대인 장로들은 조급했는지 예수님께 또 덧붙여 말합니다. "이 일을 하시는 것이 합당하니이다"눅 7:4 참조. '합당하다'는 것! 이것을 유대인 장로들은 애써 강조하고 있습니다. 유대인 장로들은 백부장의 경력부터 소개합니다. 그는 유대인들을 사랑하고 그들을 위해서 회당을 지어 준 사람이라고 말합니다눅 7:5. 회당입니다.

제가 전에 회당에 관해 따로 말씀을 드리지 못했는데, 마침 오늘 기회가 좋으니 회당에 관한 설명을 좀 하겠습니다. 사실 회당은 이스라엘 백성이 포로 생활을 하면서부터 시작되었습니다.[34] 회당의 역사 안에는 한 맺힌 포로 이스라엘의 애한과 탄식이 녹아 있지요. 유일하신 하나님께 드리는 예배가 얼마나 소중한지 흩어진 이후에야 뼈저리게 깨달은 하나님의 백성은 이방 지역에 살면서 회당을 지었던 겁니다. 이 전통은 백성이 본토로 귀환한 다음에도 지켜져서 팔레스타인 각 지역에 회당을 건축하고 안식일마다 그곳에서 예배를 드리게 된 것입니다. 유대인 성인 남자 10명만 모인다면 회당에서의 예배는 충분히 진행될 수 있었습니다. 10명이라는 숫자는 그들에게 '민얀'minyan이라고 불리는 집회 정족수quorum였기 때문입니다.[35] 이런 회당을 다른 누구도 아닌 이 이방인 백부장이 지어 주었다는 것입니다.

참고로 한 가지 말씀드리겠습니다. 어떤 성경학자는 회당 건물이 1세기에는 존재하지 않았다고 하면서 지금 남아 있는 회당의 잔재는 4세기 이후에나 지어진 건물이라고 주장한 바가 있습니다. 그래서 누가복음 7장의 본문이 시대착오적이라고도 했었는데요.[36] 이런 주장은 많은 복음주의 성경학자에게마저도 받아들여졌던 내용입니다. 이 견해 때문에 백부장이 지었다는 회당은 꾸며낸 이야기라고 하면서 복음서의 내용 전체를 의심하는 사람들이 속출했었습니다.

혹시 그렇게 의심하는 분들을 위해서 알려 드리고 싶습니다. 그 후 다시 발표된 논문에 의하면, 그 주장은 옳지 않은 것으로 밝혀졌다는 것을요. 실제 1세기에 회당이 존재했다는 발굴 연구 결과가 나왔습니다. 회당은 단순한 모임 장소가 아니라 엄연한 건물 양식으로 존재했습니다. 2009년의 발굴 작업을 통해 막달라 지역에서 1세기에 지어진 회당으로 추정되는 건물이 확인되었기 때문입니다.[37] 결론적으로, 오늘 본문에 나오는 백부장이 지었다는 회당은 실제 존재했던 건물이며, 이 본문 사건도 실제 일어났던 일임을 명시합니다.

백부장이 많은 재력을 들여 회당을 지었던 것도 분명합니다. 백부장이 상당한 월급을 자신의 부를 축적하는 데 쓰지 않고 유대인들의 회당을 짓는 데 거룩한 소모를 했을 정도로 '하나님을 경외하는 이방인'God-fearing Gentile이라는 사실마저 알 수 있습니다. 자선과 양선과 인격이 출중했던 사람임이 틀림없습니다. 이런 배경으로 짐작컨대, 실로 유대인 장로들의 증언처럼 백부장은 도와주기에 '합당'한 인물로 여겨집니다.

오늘 '합당하다'라는 말. 참 자주 나오지요? 우리가 주목해 보아야 하는 단어이기도 합니다. 헬라어로 '악시오스'ἄξιος: axios라고 합니다. 본문을 원문으로 읽어 보면 이 단어가 아주 교묘하면서도 익살스럽게 반복되고 있다는 것을 발견하게 됩니다. 줄곧 언어유희word play를 이루고 있습니다. '악시오스'라는 단어는 양팔 저울에서 비롯된 것입니다. 저울에 무게를 달아서 균형을 맞출 수 있을 때 '악시오스'라고 합니다. 다시 말해, '합당하다' 혹은 '가치가 있다'는 뜻입니다.

지금 백부장은 사랑하는 종이 병들어 죽게 되었기 때문에 종을 살려야 한다는 절박감에 빠져 있습니다. "합당한가?"라고 묻는다면 백부장에게만큼은 이 종이 살릴 가치가 있는, 합당한 존재라는 뜻입니다. 그렇다면 이 종은 평범한 종이 아니라고 여겨집니다. 수많은 종이 있지만 이 종은 백부장에게 '단 한 사람'처럼 소중한 존재였던 것이 분명합니다.

몇십 년간 충성을 다해 군복무를 하는 동안 대부분의 백부장에겐 결혼이 허락되지 않는 경우가 허다했습니다. 대신 로마 제국에서 백부장에게 평생 수종을 드는 종들을 붙여 주는 경우가 많았는데, 그러다 보면 어떤 종들과는 가족처럼 지내게 되곤 했습니다. 때로는 아들처럼 되기도 하고, 아버지처럼 되기도 하는 것입니다. 혹은 형제처럼 가까워지기도 했습니다. 신분은 여전히 종이지만 종과 주인의 관계를 넘어 고통과 기쁨을 나누는 사이가 됩니다. 백부장에게 종은 바로 아들과 같은 존재였다고 생각됩니다. 이제야 우리는 의아함을 벗고 이해하게 됩니다. 그런 종, 아니 '아들'이 병들어 죽게 되었으니 백부장은 세상이 무너지듯 절망스러웠겠지요. 종을 살리는 것은 그에게 과연 '악시오스', 즉 합당한 일이고 가치 있는 일이라는 결론을 얻습니다.

강하고 능력 있는 백부장의 자존심은 종이 죽어 가는 순간에 무너져 내립니다. 항상 존앙받아야 하기에 사람들 앞에서 절대 약한 모습을 보일 수 없다는 생각도 종의 병듦 앞에선 지켜 낼 수 없습니다. 백부장의 아킬레스건을 여지없이 치고 들어오는 공격. 그리고 바로 이 연약한 순간에 백부장은 믿음이 발동됩니다.

여러분과 제가 지금 그런 순간을 겪고 있는지도 모르겠습니다. 연약한 모습을 애써 드러내고 싶지 않지만 어떤 하나의 사건을 계기로 지금 무척 흔들리고 무너지고 있다면요. 그렇다면 바로 이때가 다른 어떤 것도 아닌 '믿음'이 가장 절실한 시간이 아닐까요? 누군가에게 바라봄을 얻는 사람이 아니라 누군가를 간절히 바라보아야 하는 믿음의 군단에 끼어야 할 순간입니다. 하나님 나라를 보장받는 가난한 심령눅 6:20을 부여받게 되는 감동의 사건일 수도 있습니다. 가난한 자, 주린 자, 그리고 우는 자, 즉 연약한 자들과 함께 침례될 수밖에 없는.

물론 이렇게 연약해질 때 누구에게도 표현하지 못하는 불안함과 두려움이 잇따릅니다. 그러나 우리의 심령이 가난해지면 믿음의 순도는 지극히 높아진다는 것을 잊지 않습니다. 정결도가 뛰어난 믿음을 소유하고 싶다면 우선 마음이 빈곤해져야 합니다. 그때 바라봄의 축복이 쏟아집니다. 절실하게 붙들게 됩니다. 이렇게 믿음을 실행할 때 우리 주님은 크게 감격하십니다히 11:6.

연약함과
절실함이 만나다

이제 유대인 장로들의 이야기를 듣고 계신 예수님의 대답을 들어 볼 차례입니다. 예수님은 어떻게 하실까요? 도와주겠다고 하실까요?

예수님은 대답 대신에 발걸음을 옮기십니다. 로마 군대에 속한 백부장의 집 방향입니다. 그러나 이는 솔직히 '합당'한 길보다는 '위험'한 길입니다. 다시 말하지만, 백부장은 유대인이 아니라 이방인입니다. 유대인이 이방인 집으로 발을 들여놓는 순간 유대인은 부정하게 됩니다^행 10:28. 유대인들은 무할례자들을 꺼렸습니다^행 11:2-3. 그러므로 율법에 비추어 생각하자면 지금 예수님은 '합당'하지 않은 길을 선택해 걷고 계신 겁니다.

도대체 무엇이 합당하기에 예수님은 이 길을 걸어가시는 걸까요? 단순히 유대인 장로들이 백부장이 합당하다고 인정해 주었기에? 저는 아니라고 생각합니다. 유대인 장로들의 변호를 듣고 예수님이 백부장의 집으로 가시는 길이 아니라 예수님 당신 스스로 백부장에게 가는 것이 '합당'하다고 여기셨기 때문이라고 믿습니다. 예수님의 발걸음을 보십시오. 확신에 차 있습니다. 백부장은 더 이상 강한 백부장이 아닙니다. 연약해진 자이며, 그렇기 때문에 주님을 바라볼 수밖에 없는 사람입니다. 그는 지금 순도 높은 믿음을 소유하고 있습니다. 바로 그 믿음만이 예수님께 충분히 '합당'했던 것입니다! 주님은 누군가를 저울질해 합당하다고 판정되어야만 긍휼을 베푸시는 분이 결코 아니시기 때문입니다.

예수님은 우리가 전혀 마땅치 않을 만큼 턱없이 부족해도 우리의 믿음을 보시고 은혜의 저울을 힘껏 기울여 우리를 합당히 여기시는 분임을 잊지 마십시오. 여러분도 이 길을 그런 마음으로 걷고 계십니까? 연약해져 있으며, 간절하고, 바로 그런 심령이기 때문에 순도 높은 믿음을 주님께 두고 있다면 여러분은 진정 주님이 받으시기에 '합당'한 사람임을 받아들이십시오.

자, 그럼 용기를 내어 계속 가십시다. 이 길은 걸어 볼 만한 '가치' 있는 길입니다. 이제 저 길목만 돌아서면 이내 백부장의 집으로 진입할 것 같습니다. 거의 다 왔습니다. 우리는 곧 백부장을 만날 것입니다. 어떻게 생긴 사람일까, 궁금합니다.

그런데 저쪽을 보십시오. 이번엔 어떤 사람들이 예수님을 향해 서둘러 걸어오는군요. 백부장의 집 쪽에서 걸어오는 사람들임이 분명합니다. 누구지요? 급한 전갈을 들고 오는 사람들 같은데요? 곧 예수님 앞에 멈추어 섭니다. 예수님도 멈추어 서십니다. 그들은 공손히 고개를 숙입니다. "저희들은 백부장의 벗들입니다." 여전히 고개를 조아리며 예수님께 조심스럽게 아룁니다. 백부장이 벗들을 통해 전갈을 보낸 것 같습니다. 예수님은 백부장이 보냈다는 전갈의 내용에 귀를 기울이십니다.

전갈은 이렇게 시작합니다. "주여!" 주님이라고 부르며 시작합니다. 헬라어로 '퀴리오스'κύριος: kyrios입니다. 호격이니까 "퀴리에!"라고 예수님을 부른 것입니다. 앞서 첫 번째 만남에서 시몬이 고기잡이배에서 주님을 만나고 고백했던 음성이 기억나시지요? "퀴리에! 저를 떠나소서. 저는 죄인이로소이다!"눅 5:8 참조라고 말했지요. 백부장도 그렇게 주님을 부르며 시작합니다. "주여 수고하시지 마옵소서 내 집에 들어오심을 나는 감당하지 못하겠나이다 그러므로 내가 주께 나아가기도 감당하지 못할 줄을 알았나이다 말씀만 하사 내 하인을 낫게 하소서"눅 7:6하-7.

여기에도 헬라어 '악시오스'가 반복해서 쓰였습니다. 지금 백부장은 예수님을 맞이하기에도 '합당'하지 못하다고 고백했고, 자신이 주님께 나아가는 것도 결코 '합당'하지 않다고 말하고 있습니다. 유대인 장로들이 분명 이 백부장이 '합당'하다고 확언을 했건만, 예수님도 합당히 여겨서 걸어오신 길이지만, 정작 백부장 자신은 스스로 '합당'하지 않다고 여깁니다. '악시오스.' 이 '합당'함의 단어는 이렇게 유희적으로 반복됩니다.

대신 백부장은 주님께 '말씀'만 구합니다. 모든 '합당'함의 결론처럼. 말씀이면 모든 것이 '합당'하리라 믿고서. 말씀이면 모든 것이 가치 있으리라 믿고서. "말씀만 하사 내 하인을 낫게 하소서"눅 7:7 이것은 백부장이 지닌 주님의 말씀에 대한 깊은 신뢰입니다. 백부장은 지금 주린 자, 목마른 자, 그리고 가난한 자입니다. 더 구체적으론 말씀에 주린 자, 말씀에 목마른 자, 말씀을 얻어야 하는 가난한 자입니다. 우리에게도 이런 주림이, 목마름이, 그리고 가난함이 존재하는지 돌아보게 됩니다. '한 말씀'만 하시면 만족하리라는 진실함. 충분히 '합당'하리라는 신뢰. 백부장에겐 이 믿음만 남아 있었습니다.

계속해서 전갈의 내용을 들어 보십시오. "나도 남의 수하에 든 사람이요 내 아래에도 병사가 있으니 이더러 가라 하면 가고 저더러 오라 하면 오고 내 종더러 이것을 하라 하면 하나이다"눅 7:8. 백부장에게 예수님의 말씀의 능력은 거리와 상관이 없었습니다. 아무리 멀어도 말씀만 주시면 그 말씀이 부하들에 의해서 반드시 수행되리라는 확실한 믿음은 흔들리지 않았습니다. 군대 백부장이 훈련 중에 "가라"라고 한마디 명령만 내리면 부하들은 거리와 지형 상태를 불문하고 목숨을 다해 그 명령을 수행합니다. 명령은 반드시 실시됩니다. 왜냐하면 명령을 내린 상관을 깊이 신뢰하기 때문입니다. 신뢰하면 의지하게 되고, 의지하면 순종이 어렵지 않습니다. 순종이 어려운 이유는 믿지 않기 때문이고, 믿지 않기 때문에 의존하지 않는 것입니다.

주님의 말씀으로 사랑하는 종에게 치유가 일어날 것이라 생각했던 백부장은 남에게 지시를 내리는 백부장이 아니었습니다. 예수님 앞에서 백부장은 '종'이었습니다. 주님 되시는 예수님의 말씀을 따라 움직이겠다는 종. 그에게는 절대적 헌신, 투철한 신뢰가 있었습니다. 이방인, 그것도 남에게 고개를 조아리지 않도록 훈련받은 로마 군단 백부장의 연약함은 간절함을 낳았고, 간절함은 믿음이 되었습니다.

예수님은 돌아보시더니 이렇게 말씀하십니다. "내가 너희에게 이르노니 이스라엘 중에서도 이만한 믿음은 만나 보지 못하였노라"눅 7:9. 믿음이 희박한 가버나움에서 오늘 믿음의 사람을 발견하신 것입니다. 예수님을 경탄하시게 하는 믿음은 이렇듯 간절한 믿음이라는 것을 깨닫게 됩니다.

좀 전에도 제가 이런 질문을 했습니다. 여러분과 저는 혹시 겉으로는 강해야 하지만 사실 속으로는 한없이 연약하게 부서지고 있는 것은 아

간절함의 자리

닌지. 만일 그렇다면 우리의 간절함이 예수님을 바라보는 믿음으로 전환되기를 진실로 기도합니다. 예수님이 우리의 간절함에서 빚어진 믿음에 감격하고 놀라워하기를 기다리고 계시리라 믿습니다.

이제 예수님이 백부장에게 어떤 '말씀'을 전달하실지 기대가 됩니다. "네 종의 병이 나으리라." 이렇게 말씀을 주실 것 같습니다. 그런데 이 길에서 우리는 더 이상 예수님의 음성을 듣지 못합니다. 전갈을 가지고 온 백부장의 벗들은 벌써 저쪽으로 돌아가고 있습니다. 우리가 예수님의 말씀을 놓친 걸까요? 알 도리는 없습니다. 과연 '말씀'조차 필요 없을 정도로 백부장의 '믿음'이면 충분히 '합당'하다는 뜻일까요?

우리는 가버나움 마을 길을 돌아 나와 다시 한적한 길에 들어서서 걷습니다. 좀 천천히 걸어 보지요. 예수님도 앞쪽에서 한가하게 걷고 계십니다. 백부장의 이야기 속에 한참 거했지만, 정작 백부장의 얼굴은 만나지도 못하고 돌아갑니다. 백부장의 종도 직접 만나진 못했습니다. 무엇보다도 예수님이 주셔야 할 말씀, 백부장이 말씀이면 충분하다고 했던 그 '말씀'을 듣지 못했다는 생각을 여전히 떨칠 수 없습니다.

그렇지만 우리는 소식 하나를 받게 됩니다. 종이 이미 나았다는 소식입니다눅 7:10. 종이 나았다는 것! 우리는 여기서 따뜻한 상상이 가능합니다. 백부장은 종을 안고 감격하며 흐느꼈을 것입니다. '아들'을 되찾은 듯한 기쁨이 밀려들었겠지요. 종은 '아버지'와 같은 백부장의 넓고 든든한 품에서 엉엉 울었을 것입니다. 마음이 가난한 자에게 주어진 하나님 나라의 축복입니다. 백부장이 간절히 '바라는 것'이 이렇게 '실상' 이 되었습니다 히 11:1. 연약함과 절실한 믿음이 만난 순간입니다.

가버나움은 오늘 우리에게 '위로의 마을'임이 틀림없습니다. 오늘 여 정은 이로써 충분히 '합당'했고 가치 있었습니다. 그러면서 잠시 고개를 끄덕이게 됩니다. "내가 너희에게 이르노니 이스라엘 중에서도 이만한 믿음은 만나 보지 못하였노라" 눅 7:9라는 예수님의 '말씀'이 바로 간절했 던 가버나움의 백부장이 들어야 할 '위로의 말씀'이 아니었던가를. 이 말씀이라면 충분히 '합당'했으리라고.

우리는 또 예수님을 따라 길을 떠납니다. 떠나는 이 길목에서 여러분 과 저는 문득 고개를 돌려 손을 흔들며 만나 보지 못했던 이방인 백부 장과 백부장의 종에게 인사를 합니다. "카이레테! 모두 진실로 기쁨으 로 가득 차고 행복하길!"이라고 말합니다. 그리고 우리는 서로에게 동 일한 인사를 건넵니다. 연약함 가운데서도 믿음을 실행하는 여러분에 게 "카이레테!" 기쁨과 행복으로 가득 차길 기도합니다.

저는 '합당'한 여러분을 다음 장에서도 만나겠습니다. 나인이라는 마 을로 오십시오. 예수님의 고향 나사렛과 멀지 않습니다. 나사렛에서 남 동쪽으로 약 10km 떨어져 있는 장소입니다. 성문 앞에서 기다리겠습 니다.

간절함의 자리

간절함으로 드리는 기도

_____

_____

_____

_____

여섯 번째 만남

자식을 잃은 어머니처럼
지금 통곡하는 영혼에게

'지금' 우는 자 눅 7:11-17

나인 성문 앞에서 여러분을 만나기 전에 저는 장례 예배를 다녀와야 했습니다. 그 이야기를 잠깐 하겠습니다. 도리스Doris 여사의 천국 입성 길을 지켜보기 위해서였습니다. 이분은 제가 사는 마을에 있는 '열린 문'Open Door이라는 사역 단체를 처음 창립하신 멋진 여인입니다. 이 지역의 주린 사람들에게 매일 수프와 빵을 대접하고, 헐벗은 사람에게 옷을 제공하며, 삶에서 절망하는 모든 자에게 희망을 전달하셨던 분입니다.

장례 예배는 주로 가족들과 지인들 중심으로 소박하게 드려졌습니다. 미국의 장례 예배를 다녀 보면서 느낀 점이 하나 있다면, 이곳 장례 문화에는 눈물뿐 아니라 웃음이 있다는 것입니다. 고인의 죽음이 슬프

간절함의 자리

지만 천국 입성이 기쁘다는 것을 그렇게 표현합니다. 잔잔하게 고인의 삶을 추억하며 조용한 웃음을 나누기도 하고 뜨거운 눈물을 짓기도 하는 예배. 제가 다녀온 장례 예배도 그랬습니다.

도리스 여사가 생전에 가장 자주 사용하셨던 말을 하나 꼽는다면 "울지 말라"였다고 합니다. 이분은 수많은 어려운 처지의 사람들을 위로하면서 살아갔기에 날마다 사람들에게 "울지 말라. 곧 괜찮아질 거야"라는 말을 반복하셨다고 합니다. 도리스 여사는 항상 이렇게 믿으셨다고 합니다. '지금 우는 자'는 언젠가 눈물을 그치고 소망을 지니게 될 것이라고. 이 부분에서 사람들은 모두 흐뭇하게 웃었습니다.

그러나 사람들에게 "울지 말라" 하면서도 정작 당신은 날마다 그들 때문에 마음이 아파서 '함께 우는 자'였다고 고인의 아드님은 당신 어머니를 추억했습니다. 이 장면에서는 모두 뜨거운 눈시울을 적셨습니다. 웃음과 눈물이 공존했던 순간입니다.

도리스 여사는 사람들에 대한 사랑 때문에 '지금 우는 자'가 되어 살아간 분이셨습니다. 저렇게 많은 사람을 돕고, 위로하며, 함께 울어 주는 인생은 얼마나 아름다웠던가, 되돌아보며 앞으로 저 자신도 어떻게 살아가야 할 것인지를 새롭게 다짐하게 되었던 장례 예배였습니다. 이 구절이 조용히 제 마음에 떠오르더군요. "아름다운 이름이 보배로운 기름보다 낫고 죽는 날이 출생하는 날보다 나으며 초상집에 가는 것이 잔칫집에 가는 것보다 나으니…"전 7:1-2, 개역한글.

자, 여기는 나인 성문 앞입니다. "그 후에"눅 7:11 예수님이 이곳으로 오시게 되는 길입니다. 그 후에, 그러니까 백부장의 사랑하는 종이 나음을 입은 사건 이후라는 뜻이겠지요. 여기 나인이라는 마을은 성경 전체에서 바로 이 본문에만 등장하는 장소랍니다. 그만큼 잘 알려지지 않은 동네이지요. '나인'은 히브리어 '나임'naïm이라는 단어에서 파생된 말입니다. '사랑스러운', '즐거운'이라는 뜻이 있습니다. 마을은 작지만 매우 기쁜 일이 넘치고 사랑스러운 고을임이 틀림없나 봅니다. 우리는 그런 나인성 앞에 있으니 사랑스러움과 기쁨을 기대해 볼 만합니다.

그런데 무슨 일이 일어난 거죠? 이 사랑스럽고 기쁜 성읍 앞에서 우리는 역설적인 광경을 맞이합니다. 사랑스럽지 않고 즐겁지 않은 장면, 장례 행렬입니다. 저 애곡哀哭하는 소리. 하늘에 닿을 듯 서럽게 찢어지는 목청. 가슴에 절절하게 와 닿는 슬픔의 목소리.

그렇습니다. 이 죽음은 비극 중 비극입니다. 죽은 자는 과부의 하나밖에 없는 아들이라고 합니다! 밭일도 거들고, 힘든 일도 도와 드리고, 연약한 어머니를 봉양하며 오손도손 살아갈 아들이 죽었으니, 이를 어쩌면 좋습니까? 죽은 자의 어머니는 아들과 더불어 스올의 깊은 곳에 놓인 듯 절망감에 휩싸여 있습니다.

여기서 우리는 생각해 보게 됩니다. 왜 "그 후에"눅 7:11 예수님이 이곳으로 오셔야 했는지를. 왜 예수님은 가버나움의 백부장 에피소드 이후에 나인성으로 발걸음을 옮기셔야 했을까요? 가버나움에서 일어났던 백부장의 일이 아직 우리 가슴에 생생합니다. 사회적으로 모든 특권을 누렸던 백부장. 유대인 장로들이 예수님을 붙들어 간청하면서 '합당'하다고 말해 줄 수 있었던 사람. 아들과 다름없는 종이 죽어 가고 있었고, 예수님을 간절히 바라보면 치유해 주실 것이라는 믿음과 소망이 있었던 백부장입니다. 그리고 백부장의 종은 백부장의 믿음으로 인해 나음을 입었습니다.

그러나 지금 나인성의 과부를 보십시오. 백부장과는 확연하게 대조되는 여인입니다. 과부는 아무것도 보장받을 수 없는 가장 빈천한 존재입니다. 아무도 과부를 위해 '합당'하다고 간청해 주는 사람조차 없습니다. 이 과부의 하나밖에 없는 아들, 전 소망을 걸었던 아들이 죽었습니다. 아들은 이미 시체입니다. 소망? 그런 것은 존재하지 않습니다. 그녀는 무엇을 간절히 바라볼 힘조차 없는 상태입니다. 연약하다 못해 이미 쓰러져 버려서 예수님을 탄복시킬 믿음조차 없는 여인입니다. 모든 게 끝입니다.

과연 이 나인 마을의 성문은 기쁨의 성문입니까, 아니면 통곡의 성문입니까? 사랑스러운 성문입니까, 아니면 죽음의 악취가 나는 혐오스러운 성문입니까? 기쁨이 아닌 통곡의 성문. 사랑스러움이 아닌 혐오스러운 성문. 바로 이 위태로운 경계에 예수님이 지금 서 계십니다. 그러나 우린 잊지 않습니다. 예수님은 '부활이요 생명'이심을요 11:25. 그런 예수님과 죽은 자가 대면한 곳, 바로 나인 성문 앞입니다.

우리가 아는 사람 중에 이런 사람이 있을 수 있습니다. 정말 끝없이 연약해진, 아무 힘도 남아 있지 않은 한 사람. 의지했던 그 사람은 가고 없고, 의지했던 그 한 곳이 사라지고, 한 자락 희망이라도 보이면 간절하게 나아가겠건만 그 간절함마저도 가져 볼 수 없는, 아무 소망도 없이 낭떠러지에 서 있는 듯한 사람. 주님을 바라볼 이유조차 잃어버린 사람. 아무 믿음조차 남아 있지 않다고 느끼는 사람. 혹시 그런 사람이 여러분인지 조심히 여쭈어 봅니다.

만일 그렇다면 오늘 에피소드는 여러분의 이야기가 될 것 같습니다. '나인'이라는 사랑스러움과 기쁨이 멈춘 상태. 거기서 여러분의 이야기는 다시 시작할 수 있습니다. 믿으십시오. 여러분이 예수님을 바라볼 수 없을 때 예수님이 여러분을 먼저 바라봐 주십니다. 여러분이 기대조차 하지 않았던 바로 그 순간 예수님이 나타나십니다. 옷을 찢고 잿더미에 앉아 있을 때 화관을 씌우시며 기쁨의 기름을 부어 주십니다. 그 모든 일이 가능합니다. 왜냐하면 여러분은 '지금 우는 자'이기 때문입니다. 예수님이 이렇게 말씀하셨습니다. "지금 우는 자는 복이 있나니 너희가 웃을 것임이요"눅 6:21.

과부는 '지금 우는 자'입니다. 보십시오. 주님은 예수님을 바라볼 수조차 없는 '지금 우는 자' 과부에게 먼저 다가가고 계십니다. 간절함을 실행조차 할 수 없는 여인을 불쌍히 여기며 가까이하십니다. 그리고 이렇게 말씀하십니다. "울지 말라"눅 7:13.

이 명령, 이 짧은 명령을 여러분은 어떻게 들으셨습니까? "울지 말라"라는 말씀을 듣고 과부의 눈물이 그친 것이 아니라 곡하는 무리가 너무 놀라 잠시 울음을 멈추어 버립니다. '울지 말라'니요! 이건 장례 행렬에서 가혹하고 무례한 언사입니다. 유대인의 장례는 언제나 곡을 잘해야 합니다. 울어야 합니다. 예외가 없습니다. 곡하는 사람이 부족하면 곡하는 무리를 돈을 주고 고용해서라도 더욱 서럽게 울어야 하는 것이 그들의 장례 문화입니다. 그런데 예수님이 다른 누구에게도 아니고 아들을 잃은 과부에게 "울지 말라" 하셨으니, 심하다는 생각이 들 정도입니다.

그런데 예수님은 무작정 위로하려고 "울지 말라" 하신 것이 아닙니다. 이 문장을 헬라어로 읽어 보면 '메 클라이에!'Μὴ κλαῖε: mēklaie 입니다. '메'는 부정입니다. '클라이에'는 '울다'라는 동사 '클라이오'κλαίω: klaiō의 현재명령형입니다. 헬라어에서 이렇게 쓰이면 진행되는 행동의 중지 명령법이 됩니다. '메 클라이에'를 굳이 문자적으로 해석해 보자면, "울고 있는 동작을 중지하라!"입니다. 과부는 이 순간 눈물을 그쳐야 한다는 명령을 부여받은 상태입니다. 그리고 명령을 내리신 주님은 반드시 그 명령을 책임지실 것입니다.

지금 우는 자
과부의 아들, 살아나다

어떻게 하시려는지. 우리는 예수님을 찬찬히 주시합니다. 온 무리도 곡을 멈추고 숨을 죽인 채 예수님께 주목하고 있습니다. 예수님은 이윽고 관에 손을 대십니다. 장례 행렬은 주춤합니다. 예수님이 지금 무덤으로 가는 이 길을 막고 계신 거니까요. 운명의 역행입니다. 위험을 무릅쓴 다가섬입니다. 과부가 예수님을 바라볼 수조차 없어 고개를 숙이고 절망하고 있을 때 예수님은 무모하리만큼 쉽게 다가가서는 죽은 자의 관을 붙드십니다.

예수님이 손을 대신 곳이 '관'이라고 개역개정 성경에 나와 있기 때문에 우리는 튼튼하게 잘 짜여 덮개가 있는 검은 궤를 상상하기 쉬우나, 이 관은 그런 관이 아닙니다. 헬라어로는 '소로스'σορός: soros인 이것은 시체를 나르는 돗짚자리 같은 운반대flat pallet에 불과합니다.[38] 유대인들의 관습은 막힌 관을 쓰지 않습니다. 더운 지방이라 시체가 부패하면 냄새가 심하게 나기 때문에 주로 당일 장례를 치르게 되어 있습니다.[39] 그들은 흙에 사람을 묻는 법이 없습니다. 동굴 무덤을 사용하는데, 시체에 향을 넣고 면포로 잘 싸서 안치해 둡니다. 멋지고 튼튼하게 짜인 관에 시체를 넣을 수 있는 시간적 여유가 없습니다. 따라서 시체는 면포로 잘 싸서 들것으로 나르게 됩니다. 이 들것이 헬라어로 '소로스'입니다.

재력의 정도에 따라서 좀 더 튼튼하게 지어진 상여가 있을 수 있고, 간단하게 지어진 상여가 있을 수 있겠습니다. 그런데 가난한 과부의 집에서 튼튼한 상여를 준비했을 리는 없습니다. 시체를 싼 간단한 목재 도구에 죽은 자가 실려 있을 뿐입니다. 바로 그곳에 예수님은 손을 대십니다.

시체를 멘 자들이 흠칫 놀라 섭니다눅 7:14. 단순히 예수님이 시체가 지나가는 행렬을 막아 서셨기 때문은 아닙니다. 막힌 관을 쓰지 않기 때문에 죽은 시체를 메어 가는 들것에 손만 대어도 그것은 모세의 율법에 적용해 본다면 사람의 시체를 만진 것으로 간주됩니다. 시체를 만지면 어떻게 되지요? 만진 자는 이레 동안 부정합니다민 19:11. 사람이 이런 일로 부정하게 되었는데 곧 정결 예식을 따르지 않으면 여호와의 성소를 더럽힌다고 생각해 회중 가운데 끊어질 수도 있습니다민 19:20.

위험합니다. 정말 무모한 행동입니다. 그런데 예수님은 그걸 잘 아시면서도 그곳에 손을 대어 죽은 자의 행렬을 막으십니다. 이때 예수님은 백부장이 그렇게 구했던 말씀을 '죽은 자'에게 하십니다. 과부는 차마 구하지도 못했던 말씀을요. 들어 보십시오. "청년아 내가 네게 말하노니 일어나라"눅 7:14.

간절히 구했던 백부장에게는 어떤 '말씀'을 주셨는지 기록하지 않았던 누가가 여기서는 아주 구체적으로 예수님의 말씀을 기록합니다. "내가 네게 말하노니"라고 전하시는 말씀에는 권위가 묻어납니다. "'나' 살아 있는 예수 그리스도가 '너' 죽은 자에게 '명하노니'"라는 말씀과 똑같습니다. 혹시 여러분이 오늘 절망 가운데 계시다면 이 말씀을 받으시기를 힘 있게 권유합니다. 우리에게 유효한 능력의 말씀입니다. "내가 네게 명하노니 일어나라!" 이 말씀으로 인해 죽음의 운명이 생명으로 역행하여 여러분은 이제 일어날 수 있습니다.

청년이 일어납니다눅 7:15! 그가 진정 '살아 있는 사람'이 되었음을 의미합니다. 남이 일으켜 주지 않아도 똑바로 일어나 설 수 있는 존재. 직립 보행 하며 수직으로 서서 하늘을 바라볼 수 있는 존재입니다. 살아 있는 사람만이 똑바로 서서 하늘을 올려다볼 수 있습니다. 또한 살아 있는 사람의 특징은 '언어'를 구사할 수 있다는 것입니다. 그는 일어나 앉아서 말도 하게 되었음을 주목하십시오눅 7:15. 청년은 완전히 살아났습니다. 그는 살아 있는 '사람'입니다.

그리고 이 이야기는 절망에 빠진 여러분에게도 동일하게 적용됩니다. 여러분도 일어날 겁니다. 살아날 겁니다. 그리고 입을 벌려 언어로 전할 겁니다. 소중한 견증見證을 주변에게 나누어 줄 겁니다. 이 모든 일이 예수님으로 인해 가능합니다.

예수님은 이제 과부의 아들을 어머니에게 다시 보내 주십니다. 과부의 까맣게 타들어 갔던 소망을 활활 일으켜 생명의 불길로 만들어 주십니다. 소망이 과부의 품에 불처럼 안깁니다. 여러분의 품에도 이런 소망이 뜨겁게 안기기를 축복합니다. '지금 우는 자' 과부의 눈물이 그쳤습니다. "울고 있는 동작을 중지하라!" 예수님은 이 명령에 책임을 지셨습니다. 나인성은 사랑스러운 청년처럼 사랑스러운 성읍으로 변했고, 기뻐하는 과부처럼 기쁨의 성읍으로 변했습니다. 왜냐하면 그 성문에 예수님이 서 계셨고, 그 성문의 장례 행렬을 막으셨기 때문입니다.

우리는 오늘 이런 나인 성문 앞에 서 있습니다. 오늘 누군가는 깊은 절망 가운데서 헤어 나오지 못하고 있을 수도 있습니다. 나인 성문 앞에서 머뭇거릴지도 모릅니다. 그렇다면 오늘 그가 이 성문 앞에 머무신 예수님을 만나길 간절히 중보하십시다. 그런데 만일 그 절망 가운데 있는 '그'가 바로 '여러분'이라면 그 간절한 기도가 여러분께 머물기를 원합니다.

다음 장에서는 바리새인 시몬이 사는 동네에서 여러분을 만나려 합니다. 바리새인 시몬은 갈릴리에서 흙먼지가 제일 많이 날리는 동네에 살고 있습니다. 그곳에서 뵙겠습니다.

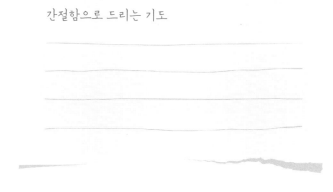

간절함으로 드리는 기도

마지막 기회 앞에
전부를 드린 영혼에게

절대 후회하지 않을 일 눅 7:36-50

흙먼지가 많이 날리는 동네. 오늘은 여기서 여러분과 함께 걷게 됩니다. 여러분이 사는 곳의 날씨는 어떤지 궁금합니다. 제가 사는 곳엔 이른 새벽부터 비가 내립니다. 비가 내리면 나무가 많은 이곳은 비에 젖은 숲이 됩니다. 젖은 나무 냄새가 참 좋지요. 그런데 축축하면서 약간 춥기도 합니다. 비에 잠긴 마을, 우촌雨村을 뒤로하고 저는 여러분을 만나 함께 걸으려고 이곳으로 왔지요. 갈릴리에 오면 항상 느끼는 것이 있습니다. 이곳은 따사롭다는 것입니다.

오늘 우리가 이 동네를 거니는 이유는 예수님이 바리새인 시몬의 집에 초대받으셨기 때문입니다. 예수님이 그 집 방향으로 걸어가고 계시네요. 바리새인들은 예수님을 그다지 좋아하지 않기에, 우리는 시몬이 무슨 이유로 예수님을 초대한 건지 궁금해집니다.

"한 바리새인이 예수께 자기와 함께 잡수시기를 청하니"눅 7:36라고 되어 있는 구절에서 힌트를 좀 얻어 볼 수 있겠는데요. 이 구절을 헬라어 성경으로 읽어 보면 '한 바리새인이 예수께 자기와 함께 잡수시기를'이라는 말은 뒤에 나오고 '청하니'라는 동사가 제일 먼저 나오지요. '청함'을 강조하고 싶었던 게 분명합니다. 그런데 어감이 좀 특이합니다. '청하다'라는 헬라어 동사 '에로타오'ἐρωτάω: erōtaō는 '초대하다'invite라는 의미보다 '요구하다'request라는 의미가 더 강하기 때문입니다.[40] 바리새인이 예수님을 청한 까닭은 겸허한 초청이 아니라 당당한 '요구'에 가깝다는 뉘앙스를 풍깁니다. 의도야 어떻든 예수님은 초청에 응하셨습니다. 예수님은 자신을 곧잘 비방하려고 드는 바리새인들과의 교제에 금을 두셨던 것이 아님을 알게 됩니다.

그나저나 흙먼지가 많은 길을 발등이 트인 샌들만 신고 한참 걷다 보니 발을 좀 보십시오. 어유, 지저분합니다. 어디 들어가서 발을 좀 씻었으면 좋겠는데 어디가 좋을까요? 마침 잘되었습니다. 바리새인 시몬의 집에 예수님과 같이 들어가 발을 씻으면 될 것 같습니다. 유대인들의 가정은 식사에 초대하면 손님에게 발을 씻을 물을 내주고 하인들이 발을 씻겨 주지요. 그뿐 아닙니다. 손님을 지극히 존경한다는 표시로 주인이 직접 나와 입맞춤을 하고 머리에 기름을 발라 주기도 한답니다. 예수님이 저쪽 집으로 들어가시는군요.

바리새인 시몬의 집에 들어와 보니 좀 실망입니다. 다른 손님들이 이미 환영의 인사를 받고 자리를 잡아 편안하게 앉아 있는 것이 보입니다. 하지만 예수님이 들어오실 때는 집주인이 정성 들여 환영하는 기색이 보이질 않습니다. 물론 예수님께 대해 입맞춤도 없습니다. 집 안을 둘러보니 역시 잘 갖추어진 집 같습니다. 정갈한 느낌이 듭니다. 바리새인의 집이라서 그런지 '거룩'하게 느껴집니다.

향유 든 여인의
정체와 행위

바로 이때입니다. 한 여인이 저쪽에서부터 걸어옵니다. 우리의 시선은 깜짝 놀라서 그 여인에게 향합니다. 그뿐 아닙니다. 이곳에 모인 모든 사람도 매우 놀라는 눈치입니다.

그렇습니다. "그 동네에 죄를 지은 한 여자가 있어…"눅 7:37. 이렇게 시작하는 구절을, 개역개정 성경으로 읽으면 약간 밋밋한 느낌을 주지만 헬라어 성경으로 읽어 보면 우리 모두가 놀라야 하는 장면이 맞습니다. 영탄사 '이두'ἰδού: idou로 출발하는 문장입니다. '이두'는 '보라!'behold라는 뜻으로, 성경의 저자가 독자들의 이목을 집중시키기 위해 사용하는 말입니다. "이두!"라고 말하면 손가락을 가리키며 "저기,

저기를 보십시오!"라고 말하는 것과 다름없습니다. "보라! 여인이 들어오는도다!"라는 뜻입니다. 새로운 등장인물인 여인에게 초집중하라고 말하고 있습니다. 고결한 바리새인의 집에 초대받지 않은 여인 하나가 느닷없이 등장했으니 충격적입니다.

남자들만 모여 있는 이 자리에 나타난 이름 모를 여인. 이 여인은 누구지요? 무명의 여인에 대해 단 하나 알려진 것이 있다면, 그녀가 '죄 많은' 사람이라는 것뿐입니다. 어찌하여 죄 많은 여인이 거룩한 바리새인의 집에 들어올 수 있었는지도 의문입니다. 문이 열려 있었을까요? 아니, 문이 열렸더라도 하인 중 아무도 그녀를 막아서지 못했던 걸까요? 네, 그렇습니다. 문이 열려 있었습니다. 하인이 막아서지도 않았습니다. '어떻게 그런 일이?'라고 궁금해하실 수 있겠지만, 사실 그것이 그들의 관습이었습니다.

그 당시 부자들은 식사를 할 때나 잔치를 벌일 때 문을 열어 두어야만 했습니다.[41] 문을 닫아 버리고 식사를 하면 무정한 사람이라고 온 동네의 비난을 샀습니다. 가난하고 배고픈 사람들이 들어와서 음식을 조금이라도 얻고 가도록 배려하라는 의미였지요. 하지만 이렇게 음식을 구걸하러 오는 걸인들도 그들 나름대로 보이지 않는 불문율을 지켜야 했습니다. 사람들이 모여 있는 식사의 자리에 가까이 다가가서는 절대로 안 되고, 하인이 갖다 주는 음식을 뒤에서 조용히 받고 나가야 한다는 것이 그것입니다.[42] 소란을 피우거나 경거망동을 하면 당장 내쫓기거나 다시는 그 집에 들어오지 못하게 될 수도 있습니다.

여인은 오늘 바리새인의 집에 열린 문을 통해 들어온 것이 확실합니다. 그러나 여인이 '식사의 자리'에 나타날 수 있는 처지는 못 됩니다. 그렇지만 여인을 보십시오. 여인은 음식을 구걸하러 온 가난한 걸인으로 보이지 않습니다. 그녀의 손을 보세요. 향유 담은 옥합이 보이시나요? 그 향유는 아무나 쉽게 살 수 없는 아주 값비싼 물건입니다. 이것만 보아도 여인이 배가 고파 음식을 얻어먹으려고 들어온 사람이 아니라는 것을 잘 알 수 있습니다.

그럼에도 우리는 의구심을 거둘 수 없습니다. 마을에서도 '죄 많은 여인'이라는 꼬리표가 붙어 다니는 사람인데 어떻게 해서 이렇게 비싼 물건을 들고 이 자리까지 나오게 된 것인지. 여인의 직업은 무엇인지. 여인의 집안은 어떠한지. 누구와 어울려 지내는 여인인지.

저는 이 여인의 정체를 알고 싶어서 한동안 혼자서 열심히 씨름했습니다. 비슷한 이야기는 다른 복음서에도 등장하긴 합니다마 26:6-13; 막 14:3-9; 요 12:1-8. 그렇지만 여인의 에피소드는 다른 복음서와는 다른 독특함이 있습니다. 첫째, 유대 지역인 베다니에서 일어난 일이 아니라 갈릴리 지역에서 일어난 일이라는 것이 확연히 다릅니다. 둘째, 다른 복음서에는 여인의 이름이 나오지만 여기 이 여인의 이름은 철저히 감추어져 있습니다. 셋째, 다른 복음서와는 달리 이 장면에선 여인의 행동을 누가가 아주 자세하게 묘사했다는 점을 놓칠 수 없습니다. 그리고

간절함의 자리

이것이 중요합니다!

그렇다면 이 여인이 누구인지 알 수는 없지만, 지금부터 그녀의 행동을 하나하나 꼼꼼하게 살펴보겠습니다. 우선, 여인은 그렇게 불현듯 식사의 자리에 등장해서 예수님의 뒤로 가 그 발 곁에 섭니다눅 7:38. 어떻게 여인이 '앉아 계신'눅 7:36 예수님의 뒤로 가서 예수님 발 곁에 서게 되었나, 혼란스러울 수 있습니다. 그래서 여기 '앉아 있다'라는 말의 의미를 잠시 설명해 드리려고 합니다.

여기에 '앉다'라는 동사는 사실 그 의미가 우리가 생각하는 것처럼 바닥이나 식탁 의자에 앉아 있는 것이 아니랍니다. '카타클리노'κατακλίνω: kataklinō라는 헬라어 동사가 사용되었는데, 이것은 식사를 하기 위해 비스듬히 기대어 누워 있는 것을 말합니다.[43] 예수님과 다른 손님들이 똑바로 앉아 있는 것이 아니라 옆으로 기대어 누워 있지요? 이것은 유대인들이 오랫동안 내려온 헬라 문화의 영향을 답습한 식사 문화라고 할 수 있습니다. 이렇게 예수님이 기대어 누워 계시기 때문에 여인은 예수님의 몸 뒤로 가서 그 발 곁에 서 있는 것이 가능했습니다.

이제 여인에게 시선을 고정하고 잘 살펴보십시오. 여인은 주변의 시선을 아랑곳하지 않고 예수님의 발을 조용히 바라봅니다. 예수님의 발은 갈릴리 이곳저곳의 간절한 영혼들을 만나러 다니시느라 부르트고, 찢기고, 먼지가 가득 끼어서 깨끗하지 못합니다. 알다시피 이 동네는 특히 흙먼지가 유난합니다. 예수님은 시몬의 집에 들어온 이후에 아직 발을 씻지 못하셨기 때문에 그 발에 흙먼지 얼룩이 고스란히 남아 있습니다. 그렇지만 그 발을 여인은 소중히 바라봅니다. 예수님의 발.

이내 여인은 눈물을 쏟기 시작합니다눅 7:38. 예수님의 갈라지고 마른 발에 그녀의 눈물방울이 끊임없이 쏟아져 내려옵니다. 곧 예수님의 발은 그녀의 눈물로 온전히 적셔집니다. 그런데 그냥 적셔진 것이 아닙니다. 여기에 쓰인 헬라어 동사를 살펴보니, 단순히 '적시다'라는 뜻 말고도 '비를 보내다'라는 뜻이 있습니다.[44] 여인의 눈물은 단순한 눈물이 아니라 멈출 수 없는 빗줄기였습니다. 이 간절한 빗줄기가 예수님의 흙먼지 가득한 발에 흥건히 쏟아졌다는 뜻입니다.

원래 그녀는 예수님의 존귀한 발을 자신의 죄 많은 눈물로 적실 생각은 없었던 것 같습니다. 그래서 그 눈물을 닦기 위해 그 발 앞에 무릎을 꿇고 머리를 풀어 헤칩니다.

바로 그때입니다. 그녀가 머리를 감쌌던 두건을 벗고 긴 머리를 풀어 헤치자마자 주변은 웅성거리기 시작합니다. 뒤에서 "저, 저런…, 망측하기가!" 하는 음성까지 들려옵니다. 저쪽에는 고개를 돌려 버리는 사람들도 있고, 성급히 일어나 자리에서 나가 버리는 사람들도 있습니다. 왜 그렇지요? 여인이 머리를 풀어 헤친 것이 왜 그토록 그들을 불쾌하게 만들었던 걸까요?

그건 여기서 '머리를 풀었다'라는 말을 어떻게 해석하느냐에 따라서 다르답니다. 우리 시대 여인들은 요즘은 남성들도 얼마든지 머리를 길게 내려뜨릴 수 있지만 당시 사회 관습은 그렇지 않았습니다. 여인들은 다른 무엇보다도 그들의 긴 머리를 잘 간수해야 옳았습니다. 아직 결혼하지 않은 어린 소녀인 경우 어느 정도 단정하게 머리를 내려뜨리는 것이 허용되었지만 결혼한 여인은 아닙니다. 부인들은 머리띠나 덮개를 사용해 머리를 단정히 올리도록 했습니다. 그것은 정숙함의 상징이었지요.

바울이 기도할 때 여인들에게 머리를 가리라고 권면했던 바를 기억하실 겁니다고전 11:5-6. 꼭 예배 때가 아니더라도 평상시에 여인들은 신분과 나이에 맞도록 머리를 단정히 하도록 고무되었으며, 불필요한 문제를 야기하지 않기 위해 종종 많은 머리나 화려한 장식은 피하도록 지침이 내려졌습니다딤전 2:9.

더욱이 그때는 로마가 지배하고 있는 시대였음을 잊지 마십시오. 로마 시대에는 그리스 신화가 그들의 관념에 깊이 박혀 있었습니다. 여인의 머리는 '메두사'를 연상케 한다는 것이 문제였습니다. 메두사의 아름다운 머리는 포세이돈을 유혹하는 계기가 되었습니다. 이후 메두사는 저주를 받아 끔찍한 괴물로 변하게 되는데, 그 아름다운 머리가 무수한 독사로 바뀌었다는 것은 잘 아시는 내용일 겁니다. 모두 여인의 긴 머리에서 기인한 불미스러운 이야기입니다.

이런 배경에서도 여성의 머리는 사회를 문란하게 할 가능성이 있다고 간주되었습니다. 특히 창녀들이 머리를 길게 내려뜨리고 남성의 발을 건드리는 행위는 성적인 유혹을 암시하는 제스처라고 여겼습니다.[45]

이런 관습을 이해하고 나니 지금 여인의 행동을 보고 사람들이 놀라 웅성거리는 것도 당연하다는 생각이 들 겁니다. 예수님 뒤에서 서슴없이 머리를 풀어 헤쳐서 그 발을 닦는 모습은 그들에겐 충분히 부도덕하고 음란하게 보였을 겁니다. 더욱이 그녀는 '죄 많은 여인'으로 알려진 사람이니까요.

여인의 행동을 자세히 관찰하고 나니 저는 몇 주 전 교회에서 있었던 일이 생각나 길게 숨을 내쉽니다. 한 자매님이 자신의 부끄러운 과거를 털어놓으며 기도를 부탁했습니다. 자신이 방종하며 살다가 원하지 않은 임신으로 딸을 낳았는데, 그 아이를 제대로 키우지 못해 현재 구치소에 가게 되고 그 아이의 아들 즉 손자를 자신이 키우면서 살아야 하는데 손자가 의사로부터 자폐증 판단을 받았다고 했습니다. 이 큰 죄책감과 막중한 삶의 짐을 어떻게 다 해결해야 할지 모르겠다고 했습니다.

제 앞에서 울먹거리는 자매님에게 저는 할 말을 잃었습니다. 충분한 위로를 드리지 못할 것 같아 저도 눈물이 솟구쳤습니다. 제가 자매님을 향해 손을 뻗자마자 그분은 제게 안겨 울었습니다. 자매님은 제 손을 꼭 쥐었고 제가 한마디, 한마디 기도를 드릴 때마다 쉴 새 없이 눈물을 떨구었습니다. 하늘에서 비가 쏟아지듯 자매님의 눈물은 그치지 않았고 제 두 손은 흥건히 젖었습니다. 기도를 마치고 자매님은 너무 미안했는지 자신의 옷으로 제 두 손을 닦으려 했습니다.

자매님과 헤어진 후 저는 가슴이 먹먹해 흥건히 젖은 제 손을 한참 바라보았습니다. 저는 자매님의 눈물을 한 방울도 낭비하고 싶지 않아 젖은 두 손을 모아 다시 기도드렸습니다. "보소서, 주님. 기도를 마치고 돌아간 자매님의 눈물입니다. 그 눈물마다 가슴 맺히는 아픔이 있사오니 이 눈물을 주의 병에 담으소서시 56:8. 그녀의 기도를 받아 주소서." 하나님이 자매님과 그 가족을 어떻게 구원하실지 저는 모릅니다. 하나님이 눈물을 받으시고 모든 것을 합력하여 선을 이루시리라는 것롬 8:28을 알 뿐입니다.

다시 여인의 모습으로 돌아옵니다. 저는 여인이 이 순간 머리를 풀어 헤친 것을 그렇게 경박스러운 태도로 단정 짓고 싶지 않습니다. 여인은 그저 그녀의 눈물 때문에 젖어 버린 예수님의 발을 닦아 드리고 싶었을 뿐이라고 이해하고 싶습니다. 그 이상도, 그 이하의 분석도 그녀를 향한 너무 오만한 해석에 불과합니다.

머리를 풀어 헤친다는 것은 머리로 얼굴을 가린다는 것인데, 이것은 유대인들에게 극한 슬픔을 나타내기도 합니다삼하 15:30; 렘 14:3-4. 메시아 그리스도는 곧 십자가를 지고 그 발로 험난한 언덕을 올라가실 것입니다. 죽음의 길을 걷게 될 그 발을 보며 여인은 미리 슬펐던 것은 아닐까요?

이제 여인은 그 발에 향유를 붓습니다. 여인은 거기서 행동을 멈추지 않습니다. 여인은 예수님의 발에 입을 맞춥니다. 그녀의 입맞춤은 형식상의 입맞춤이 아닙니다. 이것은 마음을 다하여 입을 맞추는 키스입니다. '카타필레오' καταφιλέω: kataphileō라는 헬라어 동사가 쓰였는데, 이는 유대인의 관례로서 입을 맞추는 것을 나타내지 않습니다. 인사치레로 입을 맞출 때는 그냥 '필레오' φιλέω: phileō라고 하면 됩니다. '카타필레오'는 깊은 사랑이 담긴 마음의 키스입니다.[46]

누가복음 15장 20절에는 탕자의 아버지가 잃어버렸던 아들을 되찾은 기쁨에 아들에게 입을 맞추는 장면이 나옵니다. 이때의 입맞춤이 바로 '카타필레오'입니다. 아버지가 오랜 세월을 방황하다 돌아온 아들에게 그저 인사치레로 입을 맞추었겠습니까? 아들을 다시는 잃어버리고 싶지 않은 간절함으로 입을 맞추었을 것입니다. 사랑이 담긴 마음의 키스입니다. 사도 바울이 전도 여행 중 밀레도에서 에베소의 장로들과 헤어지며 입을 맞추었을 때에도 이런 입맞춤을 주고받았습니다 행 20:37. 서로 얼굴을 다시 보지 못할 것이라는 슬픔 가운데 행 20:25, 38 나눈 입맞춤. 그건 '카타필레오'였습니다.

구약에 나오는 에서가 그의 장자의 명분과 축복을 앗아 간 동생 야곱과 재회하는 장면에서 목을 어긋맞추어 입을 맞출 때는 '카타필레오'가 아니었습니다. 그건 그냥 '필레오'였습니다LXX, 칠십인역, 창33:4. 한편 유다가 예수님을 대제사장들과 서기관들에게 넘기려고 했을 때 예수님께 했던 키스는 놀랍게도 '카타필레오'입니다. 유다는 예수님을 등지면서도 이런 입맞춤을 예수님과 나누었습니다. 그 입맞춤은 예수님의 가슴을 가장 날카로운 칼로 심히 베어 내듯 '깊은 사랑을 위장한 철저한 배신의 키스'였습니다.

향유 속에 깃든
고뇌, 아픔, 눈물

풀어 헤친 긴 머리. 그리고 애정 어린 입맞춤. 게다가 '죄 많은 여인'이라는 불명예스러운 호칭이 붙어 다니기에 많은 주석가가 여인을 창녀라고 간주하기도 합니다.[47] 그렇다고 합시다. 만일에 여인이 창녀였다면 그녀가 어떤 삶을 살았겠는지 가늠해 보십시오.

평생 그 어떤 남자도 여인을 존귀히 여겨 주거나 소중한 눈빛으로 쳐다보아 주지 않았을 겁니다. 함부로 짓밟고 쾌락을 취하기만 했겠지요. 대가로 동전 몇 푼 정도 손에 쥐어 주거나, 그렇지 못한 경우는 구타를 했을 것입니다. 여인은 늘 타인으로부터 손가락질을 받았을 겁니다. 날마다 어쩔 수 없이 후회할 일만 하면서 살았겠지요. 주린 배를 채우기 위해서. 아니라면 어려운 가정을 돌보기 위해서. 여인은 그 누구와도 진짜 사랑을 나눈 적이 없었을 겁니다. 그 누구하고도 참된 사랑을 꿈꿀 수 없었고요. 그 누구에게도 진실된 사랑을 고백할 수 없었을 테지요. 여인은 끊임없이 거절당하며 날마다 상처 입었던 사람입니다. 그럼에도 불구하고 그 누구에게도 손을 내밀 수 없었던 여인입니다.

그렇게 지내던 여인이 어느 날 예수님을 만났던 겁니다. 죄 많은 여인의 더러운 손을 먼저 잡아 일으켜 주신 분. 찢어지도록 아픈 마음을 만져 주신 분. 따뜻하게 바라보며 세상을 살아갈 용기를 주신 분. 거룩한 사랑을 나누고, 꿈꾸고, 고백하도록 해 주신 분. 하나님의 백성으로서 근엄함을 지켜 주신 분. 이런 예수님을 만난 여인은 예수님을 위한 향유를 준비한 것입니다. 값비싼 향유를 마련하고자 그녀는 연약한 몸이 으스러지도록 고된 일을 했을 것입니다. 그리고 마침내 이 바리새인의 집에서 예수님이 식사를 하신다는 소식을 듣고 이 길로 선물을 드리고 싶어서 달려왔던 것이지요.

향유는 옥합 안에 들어 있습니다 눅 7:37. 옥합은 원래 '알라바스터'를 사용해 만든 맑은 방해석方解石 병으로서,[48] 빛이 투영되면 더욱 아름답습니다.[49] 이는 값비싼 만큼 깨지기 쉬운 물건이기도 합니다. 여인은 옥합 병을 자랑하려고 준비한 것이 아닙니다. 주님 앞에 깨뜨리기 위해 준비했습니다. 깨뜨려야 향유가 쏟아지기 때문입니다. 그녀는 향유를 쏟습니다. 빗줄기처럼. 향유 한 방울, 한 방울. 주님의 발 위로 쏟아져 내립니다. 모든 것이 녹아 있는 아름다운 기름입니다.

고뇌 한 방울. 아픔 한 방울. 설움 한 방울. 슬픔 한 방울. 비통함 한 방울. 수치 한 방울. 갈등 한 방울. 두려움 한 방울. 그러나 그녀의 모든 고통이 예수님 안에서 온전히 회복되리라는 소망 한 방울. 이 향유를 기쁘게 받아 주시리라는 기대감과 설렘의 한 방울. 이날이 정말 올까, 그동안 애가 탔던 기다림의 한 방울. 오늘이 이렇게 왔다는 안도감의 한 방울. 눈물을 삼키며 '사랑합니다'라고 속으로 되뇌는 고백의 한 방울. '받아 주시리라' 고대하는 마음의 한 방울. '이분이 나의 구원자시라', 요동 없는 믿음의 한 방울.

이제 향유는 한 방울도 남지 않았습니다. 한 방울, 한 방울씩 향기 나는 기름은 주님의 발 위로 모두 쏟아졌습니다. 이날 옥합만 깨진 것이 아닙니다. 그녀도 주님 앞에 이미 산산이 부서졌습니다. 향유의 향기로움이 아니라 그녀의 삶 전체에 이미 그리스도의 향기가 배어 있습니다. 세상 끝까지라도 퍼져 나갈 듯이 진한 향기입니다.

여인은 그동안 내내 후회할 일만 하고 살아왔습니다. 그런데 오늘, 드디어 그녀의 평생에 절대 후회하지 않을 일을 해 냅니다. 주님을 사랑하는 일. 주님께 고백하는 일. 주님과 사랑을 나누는 일. 이렇게 그녀가 예수님께 향유를 드리는 바로 이 일은 절대 후회하지 않을 일입니다. 묻고 싶습니다. 여러분과 제가 마침내 평생에 절대 후회하지 않을 일을 할 수 있다면 과연 그 일이 무엇이겠는지.

예수님의 발은 바리새인의 집에서 여인에 의해 깨끗하게 씻깁니다. 예수님이 바리새인이 베푼 식탁에 초대되신 것이 아니라 여인이 준비한 향유의 만찬에 초대되셨다는 느낌이 듭니다. 비록 여인은 바리새인의 집에 초대받지 못했을지 모르지만, 예수님의 사랑에 초청된 여인이라는 것은 확실합니다. 여인은 목소리가 없습니다. 우리는 그녀의 음성을 듣지 못합니다. 여인의 눈물, 그 흐느낌만 들립니다. 그러나 그 어느 소리보다 더 강한 영혼의 울림으로 우리에게 다가옵니다. 마치 가물어 가는 계절에 기다렸던 빗줄기 소리를 듣듯이. 우리는 이런 여인을 숨을 죽이고 흠모하면서 주목하게 됩니다. 예수님을 청해 모셨다는 바리새인이 정작 준비한 것은 비어 있는 빈곤한 식탁뿐입니다. 반면 여인은 예수님을 향해 부요한 성찬을 마련했습니다.

"이러므로 내가 네게 말하노니 그의 많은 죄가 사하여졌도다 이는 그의 사랑함이 많음이라 사함을 받은 일이 적은 자는 적게 사랑하느니라"눅 7:47. 예수님은 머리를 풀어 헤치고 얼굴을 숙인 여인에게 이렇게 말씀하십니다. 여인은 사랑함이 많았기에 용서함을 받았고, 용서함을 받았기에 깊이 사랑하고 있습니다. 누가 이 여인을 정죄하겠습니까! 그녀는 그리스도 안에 있습니다롬 8:1.

예수님은 여인에게 조용히 다가가서서 또한 이렇게 말씀해 주십니다. "네 죄 사함을 받았느니라. 네 믿음이 너를 구원하였으니 평안히 가라"눅 7:48, 50 참조. 샬롬! 예수님은 여인에게 '샬롬'을 말씀하십니다. 샬롬은 온전하게 된 상태wholeness를 말합니다.

식사는 모두 끝났습니다. 여인 덕분에 우리는 '풍성하고 은혜로운' 식탁을 경험했습니다. 예수님이 자리에서 일어나십니다. 다시 길을 걷습니다. 우리의 발은 씻지 못해 여전히 더럽습니다. 바리새인 시몬의 집은 우리 뒤로 점점 멀어져 갑니다.

간절함의 자리

여기서 잠시 여러분을 데리고 제가 현재 살고 있는 곳으로 가고 싶습니다. 여기는 이른 새벽부터 비가 내리고 있다고 했지요? 비에 젖은 동네로 여러분을 초대합니다. 이곳에서 조금 걷다가 가시길 바랍니다. 여러분 발에 흙먼지가 다 씻겨 내려갈 것입니다. 저도 함께 빗길을 걷겠습니다. 은총의 비를 가만히 서서 맞는 나무처럼 우리도 그렇게 가만히 내리는 비를 담뿍 맞아 보겠습니다.

그러면서 우리는 함께 생각해 냅니다. 곧 유월절이 다가오면 예수님이 제자들과 다락방 유월절 만찬을 함께 하실 것을. "유월절 전에 예수께서 자기가 세상을 떠나 아버지께로 돌아가실 때가 이른 줄 아시고 세상에 있는 자기 사람들을 사랑하시되 끝까지 사랑하시니라"요 13:1라고 성경은 말하지요. 그리고 그 사랑하시는 방법으로 예수님이 택하실 방법이 '발을 씻어 주는 것'이라는 사실을 마음에 새깁니다요 13:4-15. 예수님은 그날 제자들을 온전히 사랑하고 섬겨 주시기 위해 발을 씻어 주십니다. 이 세족식을 통해 예수님은 여인에게 자신의 마음을 전달하셨는지도 모릅니다. 이것이 '절대 후회하지 않을 일'임을. 여인이 예수님께 했던 행동은 결단코 부끄러워할 필요가 없음을. "너희가 이것을 알고 행하면 복이 있으리라"요 13:17. 예수님의 음성이 우리에게 온화하게 들려옵니다.

비 오는 이 길에서 저는 여러분의 발을 씻어 주고, 여러분은 제 발을 씻어 주십니다. 그러면서 숨을 깊이 들이마서 보니 2,000년이 지나도 그 향기가 여전하다는 것을 느낍니다. 이름 모를 여인의 향유 내음이 여기까지 밀려옵니다마 26:13; 막 14:9. 오늘 여러분과 비 오는 이 길에 이렇듯 함께 있는 게 정말 좋습니다. 이곳에서 서로의 발을 씻어 주기로 한 선택은 '절대 후회하지 않을 일'이라는 생각이 듭니다.

다음 장에서는 여러분을 갈릴리 바다 근처에서 만나겠습니다.

간절함으로 드리는 기도

간절함의 자리

여인은 그동안 내내 후회할 일만 하고 살아왔습니다.
그런데 오늘, 드디어 그녀의 평생에
절대 후회하지 않을 일을 해 냅니다.
주님을 사랑하는 일. 주님께 고백하는 일.
주님과 사랑을 나누는 일.
이렇게 그녀가 예수님께 향유를 드리는 바로 이 일은
절대 후회하지 않을 일입니다.
묻고 싶습니다.
여러분과 제가 마침내 평생에
절대 후회하지 않을 일을 할 수 있다면
과연 그 일이 무엇이겠는지.

여덟 번째 만남

풍랑을 뚫고 주님의 명령을
따라야 하는 영혼에게

호수 저편으로 눅 8:22-25

갈릴리 바다 근처입니다. 이제 이곳은 우리에게 익숙한 장소입니다. 그런데 우리의 행보는 여태껏 주로 갈릴리 지역 서편에만 머물러 있었다는 생각이 듭니다. 이쯤에서 한 번 과감하게 갈릴리 바다를 건너 저편으로 가 보면 어떨까요? 예수님의 음성이 들리십니까? 이렇게 말씀하십니다. "호수 저편으로 건너가자"눅 8:22. 우리는 바다 저편이 어떤 곳인지 잘 모릅니다. 그래서 가 보지 못해 낯선 곳이 우리에게 주는 설렘이 밀려듭니다.

그렇지만 예수님과 저편으로 건너가야 할 제자들의 표정은 왜 저렇지요? 뭔가 불안해 보입니다. 갈릴리 바다를 건너가는 일이 제자들에게 그렇게 꺼려지는 일일까요? 갈릴리 서편에만 오랫동안 머물렀던 터라 다른 곳으로 이동하는 것에 대한 막연한 두려움이라면 이해는 합니다. 제가 아는 이들 중에도 그런 분들이 있기 때문입니다. 저는 현재 미시간주에 살고 있습니다. 그런데 저는 이곳에서 태어나 살면서 미시간주 밖을 나서 본 적이 한 번도 없다는 미국인들을 여럿 만났습니다. 옆에 바로 붙어 있는 오하이오주와 인디애나주에도 가 본 적이 없다는 것입니다. 왜냐고 물으면 대부분 다른 주로 가는 것이 '막연히 두려워서'라고 대답합니다.

그런데 제자들의 표정이 굳어 있는 까닭은 막연한 두려움 때문은 절대 아니라고 생각합니다. 막연함이 아니고 깊은 물을 건너가야 하는 구체적인 두려움이라고 여겨집니다. 갈릴리 바다는 늘 잔잔한 물이 아닙니다. 성난 파도가 한 번씩 몰려올 때면 바다는 폭군으로 변하지요. 배가 뒤집힐 가능성이 있습니다. 거대한 파도가 배를 덮치면 불가항력일 수밖에 없습니다. 그러므로 아무리 숙련된 어부라고 해도 모르는 물길을 건너가는 것은 위험합니다.

더욱이 물은 고대 근동의 문화에서는 언제나 두려움과 공포의 대상이므로 심판과도 깊은 연관이 있었습니다.[50] 이스라엘 역사에서도 잘 드러납니다. 노아의 홍수 사건이 대표적인 예입니다창 6:9-8:19. 출애굽한 이스라엘 백성이 홍해를 건너간 후에 하나님이 추격하던 애굽 군대를 바닷물로 엎으셨던 것도 한 예가 됩니다출 14:21-28. 그뿐 아닙니다. "물들이 내 영혼에까지 흘러 들어왔나이다"시 69:1라고 고백한 시편 기자의 외침에서 우리는 물에 대한 두려움과 공포를 느낄 수 있습니다. 그들은 바닷속에는 '괴물'이 산다고 믿었습니다욥 7:12. 리워야단 같은 바닷속 생물을 위험하게 생각했고요시 74:13-14, 104:26.

그 두려움만은 아닙니다. 더한 것이 있습니다. 오늘 예수님이 "건너 가자"라고 말씀하셨을 때 그 어조가 사뭇 엄중했기 때문입니다. "건 너가자"라고 하실 때 예수님은 헬라어 동사 '디에르코마이'διέρχομαι: dierchomai를 사용하셨는데, 이것은 그냥 건너가는 것이 아니라 '역경과 장애를 통과하고 끝까지 나아가다'라는 심도 있는 뜻을 지니고 있습니다.[51] 장애물을 통과하며 건너가는 것. '디에르코마이'입니다. 갈릴리 바다 저편은 어떤 곳이기에 그럴까요? 예수님은 건너편, 남동쪽으로 내려가고 싶어 하셨습니다.

갈릴리 바다의 동쪽, 요단강 동편 지역은 '데카폴리스'Decapolis라고 불리는 지역입니다. '데카'는 숫자로 '열'을 가리키고, '폴리스'는 '도시'를 말합니다. 이는 다름 아니라 로마가 전략적으로 세운 10개의 도시를 일컫는 명칭입니다. 개역개정 성경에서는 '데가볼리'라고 번역한 지방입니다막 7:31. 빌라델비아, 스구도볼리, 벨라, 가다라, 디온, 카나타, 라파나, 힙포, 다메섹, 그리고 우리가 다음 장에 곧 방문하게 될 거라사 지역이 여기에 해당하지요.

헬라 문화가 흥왕한 10개의 도시에는 상업 도로와 군용 도로가 펼쳐져 있습니다. 이곳은 유대인들보다는 이방인들이 훨씬 많이 거주하는 지역입니다. 또한 그렇기 때문에 이 지방은 '이방인과 회개하지 아니하는 유대인이 사는 곳'[52]이라고 알려져 있기도 합니다. 이제야 우리는 왜 제자들의 표정이 그렇게 밝지 못했는지 이해가 갑니다. 예수님은 제자들에게 불편한 땅, '호수 저편'으로 건너가자고 말씀하셨던 거니까요.

그러나 가야 할 목적지는 이미 정해졌습니다. 제자들은 가고 싶지 않은 땅이지만 예수님이 가자고 하시니 함께 가야 합니다. 여러분도 혹시 지금 그런 처지에 놓여 있지는 않은지 묻고 싶습니다. 마음은 전혀 내키지 않지만 이처럼 '호수 저편으로 건너가야' 한다면. 가고 싶지 않은 목적지가 기다리고 있다면. 더욱이 가야 하는 길이 장애물을 뚫고 역경을 이겨 내면서까지 건너가야 하는 고난의 그곳이라면. 결코 쉽지 않지요. 깊은 물을 건너가는 것. 이것은 어려운 일입니다. 그런 여러분이라면 오늘의 묵상이 특별하기를 기도합니다.

이제 제자들의 얼굴을 다시 쳐다보십시오. 그들의 표정은 어두운 밤바다처럼 침울합니다. 그래도 지체하지 못합니다. 시간이 더 흐르기 전에 가야 합니다. 제자들은 예수님을 모시고 배에 올라탑니다. 어두운 밤길을 잘 헤치면서 노를 저어 가야 합니다.

행선이 시작되었습니다. 우리는 좀 전에 느꼈던 설렘이 벌써 초조함으로 변하는 것을 느낍니다. 제자들의 노 젓는 소리가 도무지 자신 없게 들립니다. 제자들의 눈은 긴장감 때문인지 퍼런 어두움 가운데 불안하게 깜빡거립니다. 사방을 둘러보고 경계하는 모습입니다. 아무도 이런 상황에서 감히 한가하게 눈을 감을 순 없을 것만 같습니다.

그런데 예수님을 보세요. 고단함을 이기지 못하셨는지 평안하게 잠이 드셨습니다! 숨소리마저 고르게 들려옵니다. 아, 저렇게 편안하실 수가! 이런 예수님을 쳐다보는 순간, 우리의 불안함과 긴장감은 괜한 것이라는 생각이 듭니다. 오늘 밤의 바다를 보세요. 생각보다 고요합니다. 물결은 고르게 선을 그으며 하염없이 흘러갑니다. 이렇게만 계속 가 준다면 '호수 저편'에 가는 건 일도 아닐 것 같습니다. 제자들의 표정도 점점 평온해집니다. 노 젓는 소리가 점점 규칙적으로 들려오고 힘차오릅니다.

제가 첫 번째 만남에서 갈릴리 바다는 하프 모양이라고 했는데, 오늘 이 바다의 물결은 하프 줄처럼 가지런합니다. 하프를 연주하듯 노를 저어 갈 수 있을 만큼, 누가 고운 선율로 먼저 운을 띄워 주기만 한다면 바다 노래를 부르며 저편까지 즐겁게 갈 수 있을 것 같습니다. 오늘의 운

항은 과히 나쁘지 않습니다. 배에 오르기 전 제자들의 걱정은 기우杞憂였나 봅니다.

밤눈이 익숙해지니 주변 광경도 눈에 들어옵니다. 참 아름답습니다. 갈릴리 바다는 해발 300m 정도 되는 높은 산지에 둘러싸여 있어서 경관이 멋집니다. 반면 바다는 해수면보다 200m가량 낮습니다. 그러므로 실제 산지와 바다의 차이는 500m나 되지요. 바로 이런 점 때문에 한 가지 미리 경고드릴 일이 있습니다. 주변 산지에 머무는 찬 공기와 갈릴리 바다 표면의 더운 공기가 만나면 심한 온도차로 강한 바람을 일으킬 수 있다는 것입니다. 예측할 수 없는 심한 풍랑이 일기도 합니다. "바다의 설렘과 물결의 흔들림"시 65:7이 느껴질 수도 있습니다.

바로 이 순간입니다. 고요한 하프의 현을 타고 지나가던 이 잠잠한 바다 위로 큰 바람이 몰아닥칩니다. 제가 경고드린 그 일이 벌어지는 모양입니다. 물이 들이닥칩니다. 제자들은 소리를 마구 지르며 방향을 잃은 듯 노를 헛되게 젓고 있습니다. 서편으로 다시 돌아가고 싶은데 어느 쪽으로 배를 움직여야 서쪽인지도 모르겠습니다. 이내 물살에 휩쓸리는 바람에 사방이 막막하고 깜깜합니다.

누가는 이렇게 몰아닥친 바람을 '광풍'이라고 했습니다눅 8:23. 광풍은 헬라어로 '라일라프스'λαῖλαψ: lailaps인데, 다름 아닌 회오리바람, 혹은 해안을 강타하는 허리케인 같은 것을 말합니다.[53] 다른 복음서 기자인 마가도 동일하게 '라일라프스', 즉 광풍이라고 묘사했습니다막 4:37. '라일라프스'는 **외적**으로 일어나는 공격입니다. 그러나 같은 사건을 기록한 복음서 기자 마태는 이것을 '큰 놀'이 일어났다고 표현했음이 주목할 만합니다마 8:24. '큰 놀'은 헬라어로는 '세이스모스'σεισμός: seismos입니다. '세이스모스'는 광풍이라기보다는 '지진'에 가깝습니다. '커다란 충격'이라는 뜻이 있습니다.[54] 내부로부터 일어나는 요동침입니다.

해저 지진과 광풍이 만났다면 이것은 외부와 내부의 공격입니다. 어마어마한 공포입니다. 아무도 살아남지 못할 수도 있습니다. 이건 진정 좀 전에 언급한 바 있는 '바다 괴물'에 걸려들었다는 생각입니다욥 7:12. 리워야단의 입속으로 곧 삼킴을 당할 것만 같습니다. 몹시 위태합니다눅 8:23. 뭘 잡고 있어야 할지 막막합니다. 제자들은 노를 꽉 쥐고 놓지 못합니다. "도와주세요!" 마구 아우성을 칩니다.

우리 삶에도 이런 순간이 있습니다. 외적인 회오리바람이 불어오는데 내적인 지진도 더불어 겪을 때입니다. 우리가 승선한 곳은 견실하지 못한 연약한 나룻배와 같건만 망망한 바다의 거센 물결이 우리를 폭군처럼 핍박하는 때입니다. 파도를 몰아쳐 우리를 공포 속으로 몰아가는 때. 우리는 이럴 때 이렇게 말하곤 합니다. "이렇게는 더 이상 단 하루도 살아갈 수 없어!" 몰아치는 바람과 흔들리는 땅에 우리의 시선이 머물고, 측은한 우리 자신에 대한 연민에 갇혀서 헤어 나오지 못하기 십상입니다.

제게도 그런 경험이 있습니다. 외부에선 끊임없이 공격을 받는데 내부에서는 지진이 난 것처럼 흔들렸던 시간들. 저녁에는 '라일라프스' 광풍을, 낮에는 '세이스모스' 지진을 맞이한 듯한 시절. 몇 번이고 제 좋은 친구는 이렇게 말해 주었습니다. "조금만 참아." 저는 친구의 위로를 받으면 뜨거운 눈물을 삼키며 고개를 끄덕끄덕하곤 했습니다. 그러나 그 시절을 묘사하자면 '숨을 쉬고는 있으나 숨을 쉬기가 너무 어려운' 때였다고 말할 수 있습니다. 숨을 쉬는 것이 아니라 신음이 호흡을 대신하고 있는 시절이었습니다. 한 숨, 한 숨이 아픔의 탄식이었으며, 이내 성령님의 기도로 변하곤 했습니다 롬 8:26.

친구가 선물로 준 일기장에 일기를 적어 보려고 첫 장을 폈습니다. 첫 번째 칸에 무엇이라고 쓸까, 한참 망설이다가 이렇게 적었습니다. '주여, 구해 주소서.' 그 당시 일기장에 무슨 말들을 끄적였나, 다시금 기억을 더듬어 봅니다. 첫 장부터 페이지, 페이지마다 거의 동일한 구절만 반복 기재되어 있을 뿐입니다.

그때 저와 늘 함께하던 친구는 우연히 길에 핀 리틀데이지 꽃을 발견하고 한 송이를 따 제게 주었습니다. 데이지. 하얗고, 앙증맞고, 정갈한 꽃잎. 가운데 동그라미는 맑은 노란색. 친구는 예전부터 제가 그 꽃을 좋아하는 것을 잘 알고 있었습니다. 저는 그 꽃을 '계란꽃'이라고 부르곤 했지요. 친구는 데이지의 꽃말을 제게 말해 주었습니다. '새 출발' New Beginning이라고. 저는 그때 그 꽃을 건네받으면서 저도 모르게 예수님의 속삭임을 듣는 것 같았습니다. 광풍과 지진에도 흔들리지 않고 꿋꿋하게 자기 자리를 지키면 새 출발이 기다린다는. 이 꽃처럼 광풍과 지진에도 결국 새로운 출발이 예쁘게 피어오르리라는 격려의 음성을.

그 시절의 회상은 여기까지 하고 다시 광풍이 몰아치는 바다로 돌아옵니다. 제자들도 지금 마찬가지입니다. 그들은 신음하고 있습니다. 그리고 드디어 못 참겠다는 듯이 예수님께 절규합니다. "주여, 주여!" 두 번씩 반복을 합니다. "우리가 죽게 되었나이다!" 소리를 마구 질러 댑니다눅 8:24.

"죽게 되었다"라고 말할 때 이 동사가 무척 흥미롭습니다. 제자들은 그때 헬라어로 '아폴뤼미'ἀπόλλυμι: appollymi라는 동사를 사용했습니다. '아폴뤼미'는 단순히 '물에 빠져서 죽다'라는 뜻이 아닙니다. 이것은 '지니고 있던 것을 잃다, 기대했던 것을 놓치다, 혹은 잘하려고 했던 것을 망치다, 멸망하다'라는 뜻입니다.[55] 제자들은 지금껏 쌓아 왔던 모든 것을 바다 한가운데서 어이없이 잃고, 놓치고, 망하게 될까 봐 목청을 높이며 예수님을 '꾸짖듯' 소리쳤다는 뜻입니다. 쉽게 번역하자면, 제자들은 한결같이 "우리가 다 잃게 생겼나이다!", "우리가 다 놓치게 되었나이다!", "완전 망했나이다!"라고 말했다고 보시면 틀리지 않습니다. "누가 우리를 호수 저편으로 가라고 했지? 이젠 다 끝이야!"라는 말과 마찬가지입니다. 그 소리는 마치 장례식의 왱왱 곡하는 소리처럼 해파海波에 부딪쳐 더욱 크게 들립니다.

이런 시련이 다가올 때 우린 어떻게 예수님을 '깨우고' 싶은지요? '우리가 죽게 된 것을 돌보시지 않고서!' 하며 원망할 수도 있습니다. 마구 큰 소리를 지르며 살려 달라고 애걸할 수도 있습니다. 그러나 이런 순간 우리가 기억해야 할 것은 단 한 가지인 것 같습니다. 그것은 "건너가자"라고 말씀하셨던 예수님의 음성입니다. 외적인 회오리바람과 내적인 지진을 맞이하는 각자의 형편과 상황은 다르겠지만 그것만이 중요합니다.

예수님이 "호수 저편으로 건너가자"눅 8:22 하셨을 때는 이미 "역경과 장애를 통과하고 인내하며 나아가라"라는 권면이 들어 있었습니다. 그리고 반드시 건너갈 수 있도록 주께서 도우십니다. 그러므로 우리는 이겨 내야 합니다. 높은 파도를 뚫고 나아가야 합니다. 광풍에 맞서서 싸워야 합니다. 지진이 일어난 것 같아도 당황하지 않고 그 자리를 지켜야 합니다. 가야 하는 목적지는 '호수 저편.' 비록 우리가 가고 싶지 않은 이방 땅이어도 비겁하게 돌아서지 말고 운항을 진행해야 합니다. 예수님은 기필코 우리를 '호수 저편'으로 데리고 가시니까요.

우리의 믿음은
어디에 있는가

드디어 예수님이 일어나십니다. 예수님을 보십시오. 예수님의 눈빛은 놀라거나, 당황하거나, 두려워하는 눈빛이 아닙니다. 배는 지금 이리저리 힘없이 파도에 밀리면서 곧 전복될 듯하고 제자들은 끝없이 원망과 두려움을 토로하고 있습니다. 그렇지만 예수님은 외부에서 몰아치는 공격과 안으로부터 일어나는 요동침에 흔들리지 않으십니다. 예수님은 곧 바람과 물결을 꾸짖으십니다.

이때입니다. 갑자기 바다가 잔잔해집니다눅 8:24, 참조 마 8:26; 막 4:39. 예수님의 명령을 듣고 순종하는 피조물의 모습입니다. 이 평온함. 예수님은 "바다를 휘저어서 그 물결을 뒤흔들게 하는 자"사 51:15이심이 틀림없습니다. 제자들이 곡하듯이 높았던 언성도 차츰 가라앉습니다. 충격이 조금 남아서 어깨만 살며시 떨고 있을 뿐입니다. 잃은 것이 없습니다. 놓친 것이 없습니다. 망하지도 않았습니다. 물론 죽지도 않았습니다. 모두가 아주 안전하고 무사합니다. 좀 전에 제자들은 무척 두려웠지요.

이제 예수님은 제자들에게 물으십니다. "너희 믿음이 어디 있느냐"눅 8:25. 이 질문을 받는 제자들은 순간 움찔해서 서로를 바라보았을 것입니다. 우리도 움찔해 서로를 바라볼 수밖에 없습니다. 제자들의 믿음은 어디에 있었습니까? 우리의 믿음은 어디에 있었지요? 몇몇 제자들은 그들 손으로 꽉 쥐고 있었던 노를 바라봅니다. 그 노만 잘 쥐고 있으면 배를 조종해 돌아갈 수 있다고 믿었는지도 모릅니다. 어떤 제자는 헤엄을 잘 치는 동료의 허리를 힘껏 움켜잡고 있었을 수도 있습니다. 물에 빠지면 그가 구해 줄 수 있다고 여기고서. 우리는 우리를 태운 배를 꼭 잡고 있었습니다. 그렇게 하면 살아남을 것이라 생각하고. 요동 없이 평온하게 계셨던 예수님을 붙든 사람은 그 누구도 없었습니다. 예수님께 믿음을 둔 사람은 아무도 없었지요. 오히려 도와주시지 않는다고 불평하면서 소리만 질러 댔을 뿐입니다. 그러나 오늘 제자들은 봤습니다. 예수님이 바람과 물을 명하매 바다가 잔잔하게 변했음을. 다가오는 장애물과 역경을 뚫을 수 있도록 주께서 친히 도와주셨음을.

환하게 달이 떠오릅니다. 밤바다에 뜬 달은 고요하고도 맑습니다. 바다 저편이 아주 훤히 보이네요. 조금만 노를 저어 가면 목적지에 닿을 수 있을 것 같습니다. 별로 멀지 않습니다. 저기 '우리가 바라는 항구'가 있습니다. "이에 그들이 그들의 고통 때문에 여호와께 부르짖으매 그가 그들의 고통에서 그들을 인도하여 내시고 광풍을 고요하게 하사 물결도 잔잔하게 하시는도다 그들이 평온함으로 말미암아 기뻐하는 중에 여호와께서 그들이 **바라는 항구**로 인도하시는도다"시 107:28-30.

이 시편의 일부는 제 광풍의 시절, 일기장 마지막 페이지에 제가 적었던 구절입니다. 저는 그 시절에 배운 것이 있습니다. 반드시 건너가야 하는 사명이 주어졌을 때 큰 파도가 일어난다면 그때가 바로 "믿음의 주요 또 온전하게 하시는 이인 예수"히 12:2를 바라보아야 하는 때임을. 기어코 바다를 건너가게 하시며 '새 출발'을 마련하시는 주님이시라는 것을. 지금도 제 일기장에는 그때 친구가 주었던 데이지 꽃이 잘 말려져 간직되어 있습니다. 그 페이지 속에서 여전히 눈부시고 환하게 빛을 내고 있습니다. 그 작은 꽃이 제게 얼마나 큰 힘이 되어 주었는지 모룹니다. 그 꽃은 예수님의 음성을 항상 상기시켜 주는 등불처럼 남아 주었습니다.

이제 어서 이 바다를 건너갑시다. 갈릴리 바다를 마음에 품으십시오. 하프의 노래를 들어 보십시오. 갈릴리 바다는 어떤 곳입니까? 이곳은 예수님이 제자를 부르신 장소입니다마 4:18-22; 눅 5:4-11. 말씀에 목마른 무리를 가르치셨던 장소입니다마 13:1-2. 또 오늘 보았듯이 광풍과 성난 파도를 꾸짖고 잠잠케 하신 곳입니다마 8:23-27; 막 4:39; 눅 8:24. 여러분께 이곳은 어떤 곳인지요? 간절한 여러분을 예수님이 만나 주신 곳이 아닌지 여쭙고 싶네요. 이번 장에서 우리가 만나야 했던 간절한 영혼은 그 누구도 아니고 바로 우리 자신이 아니었을까, 생각해 봅니다.

우린 이곳 '호수 저편'에 한동안 있을 예정입니다. 다음 장에서는 데카폴리스 지방에서 걸어 보도록 하겠습니다. 만남은 계속됩니다.

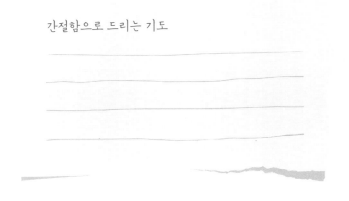

간절함으로 드리는 기도

간절함의 자리

예수님이 "호수 저편으로 건너가자"눅 8:22 하셨을 때는
이미 "역경과 장애를 통과하고 인내하며 나아가라"라는
권면이 들어 있었습니다.
그리고 반드시 건너갈 수 있도록 주께서 도우십니다.
그러므로 우리는 이겨 내야 합니다.
높은 파도를 뚫고 나아가야 합니다.
광풍에 맞서서 싸워야 합니다.
지진이 일어난 것 같아도 당황하지 않고 그 자리를 지켜야 합니다.
가야 하는 목적지는 '호수 저편.'
비록 우리가 가고 싶지 않은 이방 땅이어도
비겁하게 돌아서지 말고 운항을 진행해야 합니다.
예수님은 기필코 우리를 '호수 저편'으로 데리고 가시니까요.

아홉 번째 만남

어딘가에 묶여 '집으로'
돌아가지 못하는 영혼에게

집으로 돌아가라 눅 8:26-39

갈릴리 바다 저편입니다. 우리는 드디어 당도했습니다. 제자들은 배를 바닷가에 댑니다.

그런데 내리는 순간, 우리는 이 땅의 분위기가 그동안 거닐었던 갈릴리 지역과는 다소 다르다는 걸 감지합니다. 이미 언급했듯이, 이곳은 헬라 문화가 점유하는 곳입니다. 이국적 냄새가 가득합니다. "갈릴리 맞은편 거라사인의 땅"눅 8:26이라고 소개된 이 땅.

사실 이 지명에 관해선 조금 논란이 있기는 합니다. 어떤 복음서 기자는 여기가 '가다라' 지역이라고 기록했기 때문입니다마 8:28. 그러나 우리는 누가가 일러 준 대로 이곳을 거라사인들이 사는 '거라사' 지역막 5:1; 눅 8:26으로 받아들이고 이 도시로 들어가겠습니다. '가다라'이든지

'거라사'이든지 두 도시는 모두 동일하게 데카폴리스에 속해 있으므로 이방인들이 많이 사는 도시라고 할 수 있습니다. 그래서 유대인들이 먹지 않는 돼지들을 키울 수 있는 장소이기도 합니다.

오늘 이곳에서 만나게 될 사람은 누구인지 궁금합니다. 조금만 걸으면 곧 마을로 진입할 수 있을 것 같습니다. 이곳은 아직 마을 외곽입니다. 그런데 저기 쇠사슬과 고랑을 차고 걸어오는 사람. 바로 저 사람일까요? 누가 그를 결박했던 것 같은데 그 맨 것을 끊고 예수님을 만나러 오는 것 같습니다. 아! 차마 그 사람의 헐벗고 비참한 모습을 똑바로 볼 수 없어서 잠시 고개를 숙이게 됩니다. 그는 이쪽으로 걸어옵니다. 누가는 이 사람이 이 도시 사람으로서 '귀신 들린 자'라고 말해 줍니다눅 8:27.

그런데 이 사람은 그냥 귀신 들린 자가 아니라 '많은 귀신이 들린 자'인가 봅니다. 헬라어 성경을 보면 '귀신'이라는 헬라어 '다이모니온' δαιμόνιον: daimonion이 단수가 아니라 '다이아모니아'δαιμόνια: daimonia라는 복수형으로 쓰여 있습니다. 많은 귀신이라니? 도대체 많은 귀신이 어떻게 한 사람 안에 거주하게 되었는지 우리는 의아해집니다.

이 귀신 들린 사람은 이방인일까요, 아니면 데카폴리스에 거주하는 유대인일까요? 그의 모습을 한번 자세히 보겠습니다. 그는 "오래 옷을 입지 아니하며 집에 거하지도 아니하고 무덤 사이에 거하는 자"눅 8:27입니다. 유대인의 정결법에 의하면, 주검을 만진 자는 이레 동안 부정한 자로 간주됩니다민 19:11. 지금 귀신 들린 자는 주검을 만진 것보다

더한, 무덤 옆에 항상 거하는 자입니다. 그렇다면 그는 유대인일 것 같습니다. 함께할 수 있는 유대인 공동체 마을엔 절대 들어갈 수 없는.

또한 그는 헐벗고 있습니다. 엄밀히 말해서 '벗겨져' 있다는 것이 더 옳은 표현이리라 여깁니다. 의복이 벗겨짐은 정죄를 당하고 있다는 것을 은근히 암시합니다 겔 16:39. 사탄의 세력은 언제나 사람의 부끄러운 데를 드러내길 즐깁니다 행 19:16. 벗기는 것은 원죄의 수치를 상기시키려는 것입니다 창 3:7. "내가 도둑같이 오리니 누구든지 깨어 자기 옷을 지켜 벌거벗고 다니지 아니하며 자기의 부끄러움을 보이지 아니하는 자는 복이 있도다" 계 16:15라는 말씀은 우리로 하여금 '옷을 입음'이 얼마나 중요한가를 떠올려 줍니다. 하나님의 '옷 입혀 주심'은 타락한 인간의 죄를 덮어 주시려는 구원 계획의 시작이었습니다 창 3:21. 따라서 지금 귀신 들린 자에게 옷이 없음은 우리를 안타깝게 합니다.

그는 집에 거하지도 않습니다. 아주 오래전에 집을 잊은 사람인 것 같습니다. 스스로 집을 나온 것도 아니겠지요. 다만 돌아가지 못하는 것뿐이라고 여겨집니다. 성서에서 '돌아감'은 마음의 변화와 회개, 그리고 용서받음을 의미하기에 '돌아감'은 궁극적으로 축복입니다 렘 4:1, 26:3, 36:3; 겔 18:21-28; 호 6:1-6; 욜 2:12-14. 돌아갈 수만 있다면! 그러나 '돌아갈' 집이 없기에 가지 못하는 길이라면 이것은 진정 비극입니다.

집을 잃어버리게 만드는 것. 죽음의 악취가 나는 무덤에 거하면서 사람들의 멸시를 받게 하는 것. 옷을 입지 못해 헐벗게 만드는 것. 이건 모두 사탄이 설정한 목표입니다요 10:10상. 귀신 들린 자가 소유할 수 있는 유일한 것은 쇠사슬과 고랑뿐입니다.

탈평안자, 예수님이 찾으신
갈릴리의 또 한 영혼

귀신 들린 자는 점점 예수님께 가까이 다가옵니다. 예수님도 그에게로 나아가십니다. 귀신 들린 자의 숨소리가 점점 거칠게 들려옵니다. 많은 귀신이 들린 자는 그냥 숨만 쉬고 있을 뿐 '비실재'non-being적 인간과 다름없습니다.[56] 아무도 그를 인격을 지닌 사람으로 생각하지 않겠지요. 쇠사슬과 고랑에 매어 놓아야 조금이나마 안심할 수 있는 흉측한 존재입니다. 아니, 그나마도 마음이 놓이는 건 아닙니다. 자주 그 맨 것을 끊고 귀신에게 몰려 광야로 나가기도 했으니까요눅 8:29. 그래서 '마을의 평강'을 위해서 날마다 그를 더 무거운 쇠사슬과 고랑으로 짓눌러 놓아야만 했습니다.

지금 그 사람이 예수님을 만나고 있습니다. 쇠사슬과 고랑을 차고 있는 사람을 보니 저는 '팍스 로마나'Pax Romana를 떠올리게 됩니다. '팍스 로마나'는 해석하자면 '로마의 평화'입니다. 로마 제국은 그들이 다스리는 모든 주변국으로부터 완전한 평화를 얻었다고 자부했지요. 로마 제국의 초대 황제가 된 아우구스투스Augustus 시대에 세워진 '평화의 제단'Ara Pacis은 그것을 상징합니다. 로마의 평화가 영구하기를 바라는 기원이 이 제단에 담겨 있지요.[57]

그러나 이것은 폭력의 부산물에 불과합니다. 더 많은 평화를 얻기 위해서 더 많은 사람의 평화를 짓밟아야 한다는 묘한 역설이 담겨 있기 때문입니다. 조금이나마 눈에 거슬리면 무거운 쇠사슬과 고랑을 채우며 쟁취한 '팍스 로마나.' 귀신 들린 자의 쇠사슬과 고랑은 이것을 충분히 연상케 합니다. '탈脫평안자'의 아픔이 느껴집니다. 그리고 로마의 압제 아래 놓여 있는 이스라엘도 결국 다름 아닌 탈평안자입니다.

탈평안자를 바라보고 있자니 우리의 삶도 돌아보지 않을 수가 없네요. 우리 가운데도 이런 일은 여전히 반복되고 있다고 생각합니다. 우린 혹시 모두의 평강을 위한다는 명목으로 누군가를 날마다 더 무거운 쇠사슬과 고랑으로 짓눌러 놓고 있진 않습니까? 이기적인 평화를 위해 누군가를 버림받도록 내버려 두고, 짓밟히도록 방치하는 일. 어떤 이를 아무 양심의 가책 없이 '비실재'적인 인간으로 대하고 있는 일.

이런 일은 우리 사회에서도 일어나지만, 개인의 삶에서도 벌어집니다. 가장 사랑해야 할 가족 사이에도 탈평안의 아픔과 부당함이 일어날 수 있다는 것입니다. 어쩌면 우리가 품고 돌보아 주어야 할 자녀에게 '쇠사슬과 고랑'을 채우며 헛된 평강을 자칭할 수도 있고, 나이 드신 어르신들에게 '쇠사슬과 고랑'을 채우며 평강하다고 생각할 수 있습니다.

나아가 우리 자신에게조차 '쇠사슬과 고랑'을 채우며 스스로 평안하다고 착각할 수 있습니다. 만일 여러분과 저도 현재 어떤 '쇠사슬과 고랑'을 차고 있다면 어떻게 해야 할까요? 아니면 우리가 누구에게 '쇠사슬과 고랑'을 채우며 살아가고 있다면요? 우리의 언어가, 우리의 행동이, 그리고 우리의 태도가 그런 족쇄를 만들 수 있지요.

모든 것을 막론하고 탈평안자는 간절한 영혼입니다. 예수님이 진정 만나고자 하시는 영혼이기도 합니다. '세상이 주는 것과 같지 않은 평화'를 주시는 분은요 14:27 반드시 탈평안자를 찾아내십니다. 그러므로 우리를 겸허히 돌아보면서, 평안을 뺏기고 있는 우리를 찾아 주시라고 예수님께 간구하고 싶습니다. 보십시오. 오늘 예수님은 이 사람, 탈평안자를 만나 주십니다눅 8:27.

귀신 들린 자는 예수님을 만나자마자 부르짖습니다눅 8:28. "지극히 높으신 하나님의 아들 예수여 당신이 나와 무슨 상관이 있나이까 당신께 구하노니 나를 괴롭게 하지 마옵소서"눅 8:28. 이 섬뜩한 목소리. 그러나 이 목소리는 그의 것이 아닙니다. 이것은 그 사람 안에 거주하는 귀신의 음성입니다. 귀신의 간청입니다.

귀신은 예수님이 하나님의 아들이신 것을 너무나 잘 압니다약 2:19. 그리고 예수님과 함께 있는 그 영역은 이미 하나님 나라가 도래한 곳임도 알고 있습니다마 12:28. 따라서 예수님이 임재하신 이곳에서 불결한 귀신이 더 이상 활동할 수는 없습니다. 한 사람의 삶을 망가뜨리는 귀신의 권세는 이 영토에선 허락되지 않습니다. 쇠사슬과 고랑으로 지탱했던 헛된 평화는 참 평강을 전달하시는 주님 앞에서 무너져야만 합니다. 이 때문에 귀신은 현재 발버둥치고 있을 뿐입니다.

우리가 흔히 알고 있는 예수님의 축사逐邪는 단순히 귀신을 쫓는 것이 아니라는 것을 배우게 됩니다. '쫓음'이라기보다 '회복'이 맞습니다. 분깃의 회복. 예전에는 귀신이 그 사람을 지배하고 괴롭혔는지 모르지만 이제는 참 통치자가 오셨습니다. 당연 통치자의 위계질서가 복원되어야 합니다. 이것이 진정한 의미의 축사라고 믿습니다.

탈평안자,
평안을 되찾다

예수님은 더러운 귀신에게 그 사람에게서 나오라고 명하십니다눅 8:29. "네 이름이 무엇이냐"눅 8:30 물으시는군요. 유대 문화에서 이름을 묻는 것은 질문자가 피질문자를 다스릴 수 있는 권위가 있음을 나타내지요. 그리고 피질문자가 질문자에게 이름을 대답하는 것은 그 권위에 굴복함을 뜻합니다창 32:27.[58] 귀신은 대답해야 합니다.

우리는 귀신도 이름이 있다는 것을 새삼 깨닫습니다. 그런데 이 귀신은 이름이 너무 많아서, 이윽고 그는 '군대'라고 대답합니다눅 8:30. 군대! 정말 별납니다. 헬라어로는 '레기온'ᾶᵉγιών: legion이라고 하는 이 단어는 전쟁에 나가는 거대한 로마 군단을 연상케 합니다. 누군가의 평강을 억압해 '팍스 로마나'를 얻기 위해 조직된 로마 군대. 탈평안자를 만들기 위해 몇천 명의 보병과 기병이 모여서 전쟁에 나갈 태세를 갖춘 로마 군단이 원래 '레기온'입니다.[59] 막강한 병력. 이것이 귀신의 정체입니다. 그러나 '거짓 평강'을 위해 마련된 막강한 병력이라고 해도 지금 '참된 평강'을 주시는 주님과 전쟁을 치를 수는 없습니다. 더 이상 거짓의 쇠사슬이 이 사람을 결박하지 못합니다. 아무리 많은 무기로 위협한다고 해도 진리의 검이 모든 것을 끊어 내고 마침내 그를 자유하게 할 것입니다요 8:32.

다급해진 귀신은 청원합니다. "무저갱으로 들어가라 하지 마시옵소서"눅 8:31 참조. 아니, 도대체 무저갱이란 어떤 장소이기에 귀신도 그곳만큼은 들어가고 싶지 않았던 걸까요?

무저갱은 헬라어로 '아뷔소스'ἄβυσσος: abyssos라고 하는데롬 10:7; 계 20:3 참조 히브리어로는 '테홈'tᵉhôm에 해당하는 단어로 바닥이 없는 심연을 가리킵니다. 빠지면 신의 도움 없이는 헤어 나오기 힘든 장소를 말합니다.

로마 군대 같은 귀신은 다만 이런 무저갱에 빠지지 말게 해 달라고 예수님께 계속 구합니다. 왜 그렇습니까? 그들은 이 '깊은 곳'에 빠지면 끝없는 추락만이 기다리고 있기 때문입니다.

생각다 못해 귀신은 묘안을 하나 내놓는군요. "돼지 떼에게 들어가게 하소서"눅 8:32 참조. 그렇네요. 이곳은 유대인들이 먹지 못하는 돼지를 많이 키울 수 있는 장소이지요. 마침 저쪽 산언덕에서 많은 돼지 떼가 먹고 있습니다눅 8:32. 돼지는 굽이 갈라져 쪽발이지만 새김질을 하지 못해서 부정하다고 율법에 기록된 동물입니다레 11:7. 부정한 동물이지만 데카폴리스 지역에서는 돼지 사육이 지역의 경제를 움직이는 중요한 일이었습니다. 즉 이곳의 돼지 떼는 '맘몬'mammon과 다름없었던 거죠. '맘몬'이라는 단어는 사전에 어엿하게 명시되어 있듯이 악한 영향력 또는 헛된 숭상으로 간주되는 재물입니다.[60] 귀신 군대는 이런 '맘몬'에게 거하기를 원하고 있습니다. 거대한 부를 남기려는 로마 제국은 세상의 신인 '맘몬'이 다스리는 왕국입니다. 이들은 '맘몬'을 숭상합니다. 귀신 군대가 가고 싶어 하는 곳. 바로 '맘몬'을 품고 있는 데카폴리스의 돼지 떼입니다.

예수님은 허락하십니다눅 8:32. 허락이 떨어지자마자 귀신이 돼지 떼에게 쏜살같이 들어갑니다. 오, 그런데 저 놀라운 광경을 지켜보십시오. 귀신이 들어가자마자 돼지 떼는 가만있지 못하고 비탈로 내리닫고 있습니다. 빠른 속도로 달려 내려갑니다. 비탈로 내리닫는 타락. '맘몬'에게 거하는 귀신에게 다가온 운명. 풍덩! 풍덩! 돼지 떼는 한 마리씩 호수에 들어가 몰사해 버립니다눅 8:33. 단 한 마리도 남김없이 모두 결국 '무저갱'과 같은 곳으로 빠져 버립니다. 맘몬의 몰락입니다. 돼지 떼

간절함의 자리

'맘몬'과 더불어 귀신 군대 '레기온'이 완전히 사라져 버렸습니다.

우리는 너무 놀라서 어떻게 표현해야 할지도 모릅니다. '탈평안자의 평안을 되찾은 순간'이랄까요? '군대의 몰락'이랄까요? '귀신의 패배?' 이런 문구들이 머릿속에 떠오릅니다. 드디어 이 마을에 평강이 찾아왔구나, 생각이 듭니다. 이 사람에게 쇠사슬과 고랑을 더 이상 채울 필요가 없으니까요.

집으로 돌아가는
사명자

그런데 아이러니합니다. 우리에겐 이 순간이 평안을 얻은 순간 같은데, 마을 사람들의 반응은 아주 다릅니다. 마을은 오히려 발칵 뒤집힙니다. 이 언덕에서 돼지 떼가 사라졌다는 것은 그들의 부富의 원천이며 자긍심이 벗겨져 나간 것이나 다름없다고 여기고 있습니다. 돼지 떼의 사라짐은 '벌거벗음'과 같은 수치라고 여깁니다. 낭비도 이런 낭비가 없다고 억울해합니다. 성내에 있던 사람들이 분노에 차서 예수님께 소리를 지릅니다. "떠나소서! 이곳에 머물지 마소서"눅 8:37 참조. 그 음성은 "나와 무슨 상관이 있나이까 당신께 구하노니 나를 괴롭게 하지 마옵소서"눅 8:28라고 외쳤던 귀신의 음성과 너무도 흡사하게 들립니다.

예수님더러 떠나라고 아우성이니, 어서 데카폴리스 지역을 떠나야 할 모양입니다. 이곳에는 우리를 몰아내려는 사람들만 많습니다. 다만 전에 귀신 들렸다가 오늘 구원을 입은 그 사람만이 지금 예수님의 발치에 앉아눅 8:35 간절히 주님을 붙듭니다. 그가 발치에 앉아 있음은 이제 예수님의 말씀을 듣는 자가 되었다는 뜻입니다눅 10:39; 신 33:3. 그에겐 데카폴리스 지역 사람들이 전혀 이해할 수 없는 평강이 존재합니다.

"예수님, 저와 함께 계셔 주십시오. 예수님이 가시는 곳에 저도 함께 가겠습니다!" 그는 예수님과 함께 있기를 구합니다눅 8:38. 우리도 그를 데리고 갈릴리 호수를 다시 건너가면 좋을 것 같습니다. 예수님도 함께 가자고 권유하시지 않을까요?

그런데 아닙니다. 예수님은 오히려 이렇게 말씀하십니다. "집으로 돌아가라"눅 8:39 참조. "집으로 돌아가라!" 그는 오랫동안 잊고 있었던, 버림받았던, 돌아갈 수 없었던 집으로 돌아가야만 했습니다. 무덤 사이에 거하지 아니하고, 광야에서 배회하지 아니하고 이제 집으로 돌아가야 합니다. 그의 마음에는 생명의 주님이 자리 잡고 계시기 때문입니다. "하나님이 네게 어떻게 큰일을 행하셨는지를 말하라"눅 8:39. 예수님의 명령이 그와 함께합니다.

여기서 '말하라'라는 말은 '전파하라'라는 명령입니다. 헬라어로는 '케루소'κηρύσσω: kēryssō인 이 동사는 '말씀을 선포하다'라는 뜻이 담겨 있습니다. 말씀 선포에는 권위가 들어갑니다. 결박된 세력을 풀어내는 해방의 메시지를 전달하는 권위입니다.[61] 그동안 쇠사슬과 고랑에 묶여 있다가 자유로워진 그는 '하나님이 하신 큰일을 외치는 전령사'가 되어야 합니다. 로마의 지배가 완강한 데카폴리스 지역에도 메시아가 오셨음을 알려야 하는 사명자입니다. 세상의 평강은 번쩍이는 철 무기를 지니고 무력으로 쇠고랑을 채우면서 유지됩니다. 그러나 예수님의 평강은 쇠고랑을 벗겨 주고 우리를 진정 자유케 하며 임재합니다.

전에 귀신 들렸던 자는 새로운 정체성을 지니고 성안으로 들어가게 됩니다. 그의 간절함은 복음을 전하는 갈망으로 변합니다. 떠나가는 그의 뒷모습을 우리는 한참 바라봅니다. 그는 있어야 할 곳으로 가는 사람입니다. '집으로' 돌아가는 사명자.

우리도 우리가 가야 할 길로 돌아가기 위해 배에 오릅니다. 배에 올라 노를 저어 가면서도 우리는 어쩐지 아쉬워 이방인의 도시 거라사 지역을 내내 뒤돌아보게 됩니다. 거라사 땅은 점차로 우리 시야에서 멀어집니다. 우리는 이방인의 땅을 향해 인사합니다. "카이레테!" 진실로 저 땅이 행복하고 기쁨이 가득 차길. '맘몬'을 섬기는 땅이 아니라 '맘몬'을 온전히 거룩하게 소모하는 땅이 되길. 참 평강의 주님의 나라가 도래하길.

지금에서야 깨닫습니다. 왜 예수님이 광풍을 뚫고 제자들로 하여금 이곳에 닿게 하셨는가를. 저 '탈평안자'를 만나 다시 저 땅으로 파송하시기 위한 항해였음을. 이 시대에 집으로 돌아가지 못하는 '탈평안자' 모든 사람이 이 순간 예수님을 만나 쇠사슬과 고랑을 벗고 집으로 돌아갈 수 있기를 바랍니다. 남편이, 아내가, 부모님이, 자녀가, 형제자매가, 그리고 여러분과 제가 자유와 평강을 입고 '집으로' 가는 날이 바로 오늘이길 기도합니다.

저녁 호수는 오늘 따라 유난히 잔잔합니다. 갈릴리 하프의 노래가 들립니다. 노을은 황금 오렌지색으로 바다를 물들입니다. 저 위를 보세요. 갈매기가 쇠사슬과 고랑을 벗어 버린 영혼처럼 자유롭게 날아다니고 있습니다. 호수 저편에 머물렀던 여정은 이렇게 마무리가 됩니다.

지금 저는 제자들에게 말합니다. "조금 천천히 노를 저어 주세요"라고요. 여러분과 항해하는 시간이 조금이라도 길어지길 바라는 마음에 그렇게 부탁해 봅니다. 벌써 다음 만남이 우리가 만나는 마지막 만남이라는 것을 알고 계신가요?

여러분과 함께 밤이 새도록 갈릴리 호수에 머물라고 한다면 저는 머물 수 있을 것만 같습니다. 오랫동안 머물면서 여러분과 도란도란 그동안의 이야기를 나누고 싶습니다. 생명을 갈망했던 어부 이야기를 떠올리고, 치유 받은 나병 환자의 이야기를 생각하고, 열린 식탁을 준비했던 세리의 이야기를 다시금 되뇌고, 손 마른 사람의 오른손이 펴졌던 이야기를 기억하고, 이방인 백부장의 합당한 믿음과 '지금' 울고 있는 홀로된 어머니 에피소드를 상기하고, 옥합을 깨뜨리며 눈물로 주님의 발을 씻었던 여인을 추억하면서요. 무엇보다 갈릴리 호수의 풍랑을 헤치며 호수 저편에 다녀오기를 잘했다는 이야기를 여러분과 나누게 될

간절함의 자리

것 같습니다.

그렇게 시간을 보내다 보면 어느새 노을이 서서히 사라지고 군청색 밤하늘이 나타나겠지요. 곧 갈릴리의 깨끗한 별들이 우리의 얼굴을 비출 테고요. 별빛 속에서 우리의 대화가 무르익어 가다 보면 하얀 새벽이 동터 오지 않을까요? 그래서 저는 지금 노를 저어 가는 제자들에게 다시 부탁합니다. "조금 천천히 노를 저어 주세요."

간절함으로 드리는 기도

열 번째 만남

죽음과 질병에서
"달리다굼"이 간절한 영혼에게

야이로, 그를 깨우소서! 눅 8:40-56

다시 바다 이편입니다. 이곳에 도착하자마자 사람들의 무리를 보게 됩니다. 예수님을 보더니 환영하며 이쪽으로 몰려오는군요눅 8:40. 애타게 기다렸던 모양입니다. 여기에선 예수님이 매우 인기가 있어 보입니다. 저편에서 받았던 냉대와는 무척 다릅니다.

　그런데 같은 일화를 기록한 마가복음으로 건너가 이 장면을 다시 살펴보면 어감이 다릅니다. 이곳으로 건너오신 예수님을 무리가 환영했다는 표현은 없고, 그저 "그에게로 모이거늘"막 5:21이라고만 기록되었기 때문입니다. '모이다'라고 할 때 마가는 헬라어 동사 '쉬나고' συνάγω: synagō를 사용했는데, 이 동사의 원래 의미는 '모이게 하다' 혹은 '모으다'라는 동사입니다. 이 동사가 수동태로 쓰이면 번역을 '모이다'라고 할 수 있고, 의미가 확장되어 '손님을 환영하며 맞이하다'라는 해석도 가능합니다.

그런데 그 의미만 있는 것이 아닙니다. 이 동사는 '한데 모여서 다른 위치로 나아가다'라는 뜻도 있고, '싸움이나 전투에 참여하다'라는 의미도 품습니다. '쉬나고'라는 동사는 힘을 모아 밀어붙이거나 뭉쳐서 나아갈 수 있다는 것을 암시하는 동사입니다.[62] '군중의 힘'이 느껴지는 동사입니다. 이 큰 무리가 지금은 예수님을 따뜻하고 반갑게 환영하는 것 같지만 사실은 은근히 예수님을 군중의 힘으로 밀어붙이면서 자신들이 원하는 것을 얻고자 하는 의도가 엿보인다고나 할까요? 기적을 베풀 땐 열렬히 환영하고, 원하는 기적을 얻어 내지 못하면 언제든지 비웃거나 조롱할 수 있는 군중.

그래서 '무리'가 모여 있는 곳은 안심할 수 있는 장소는 아닙니다. 진정한 교감은 서로 이해하는 '나'와 '당신'이 만날 때이지, 익명의 무리를 만날 때는 아니니까요. 군중은 오늘 예수님이 움직이실 틈을 주지 않고 지키고 있습니다. 우리도 일단 큰 무리 사이에 끼어서 예수님과 동행하게 됩니다.

바로 이때입니다. 누군가 이쪽으로 다가옵니다. 누군가요? 아, 이 마을 회당의 회당장인 야이로라는 사람입니다. 존경과 신임을 받고 있는 영적 지도자라고 할 수 있겠습니다. 참고로 알려 드립니다. 야이로의 이름은 '그를 깨우소서!'라는 뜻을 지닙니다.[63] 그는 예수님께 오자마자 그 발아래에 엎드립니다. 그의 음성을 들어 보세요. 같은 에피소드를 기록한 마가복음에는 이렇게 기록되어 있습니다. "내 어린 딸이 죽게 되었사오니 오셔서 그 위에 손을 얹으사 그로 구원을 받아 살게 하소서"막 5:23. '어린 딸'이 죽게 되었다고 간청하고 있네요. 연약한 어린 딸이라니! 측은합니다. 아직 손을 붙들어 주지 않으면 세상에 나갈 수 없을 정도로 유약한 어린 딸이 죽어 가나 봅니다. 회당장은 간절합니다.

그런데 잠깐만요. 우리는 누가를 통해 이 '어린 딸'이 실제 마냥 어린 딸이 아니고 '열두 살'이나 된 제법 성장한 여자아이라는 사실에 조금 놀라게 됩니다눅 8:42. 유대인들에게는 아이가 '열두 살'이 되었다면 이제 성인기에 접어들었다고 간주되는 시기입니다. 예수님도 열두 살 때 예루살렘 성전에서 선생들과 듣기도, 묻기도 하면서 토론에 참석하신 바가 있지요눅 2:46. 남자아이들은 열두 살을 넘기면 성년으로 접어듭니다. 여자아이들도 예외는 아니었습니다. 열두 살 정도면 대부분 생리를 시작하는 나이라고 여겨졌기에 성숙한 여인으로 변하는 시기라고 받아들였습니다. 따라서 부모가 아이의 결혼을 위해서 약혼을 성사시키는 나이이기도 했습니다.[64] 이후 유대인들의 전통이 된 '바르 미츠바'bar mitzvah, 남자아이들의 성년식라든지 '바트 미츠바'bat mitzvah, 여자아이들의 성년식는 이런 개념에서 비롯된 것입니다.[65]

열두 살의 소녀. 회당장의 딸은 결코 어리지 않습니다. 정혼할 나이입니다. 생산을 생각하며 준비할 수 있는 나이. 다시 말해 부모 품에 안

간절함의 자리

기는 나이가 아니라 슬슬 부모 품을 떠나 홀로 설 수 있는 나이입니다. 왜 회당장은 이런 딸을 '어린 딸'이라고 표현했던 것인지 궁금합니다.

그런데 우리는 금방 이해가 갑니다. 이미 부모끼리 혼담이 오고 가서 내정된 신랑감도 있을 수 있는 나이 열두 살. 즐거운 경사가 기다리고 있을 나이 열두 살이 맞긴 하지만 그 딸은 지금 회당장에게 더할 나위 없이 연약해진 '어린 딸'입니다. 죽을병에 걸려 지금 숨을 헐떡거리는 딸입니다.

온갖 좋은 약이란 약은 다 써 보았을 겁니다. 이 갈릴리 지역에서 꽤 영험하다는 의원들도 다 찾아다녔을 것입니다. 물론 회당장답게 경건한 기도 생활 역시 절대 게을리하지 않았을 것입니다. 딸을 위해서라면 이 아버지는 무엇이든 할 각오가 되어 있습니다. 회당장에게 '열두 살' 난 딸은 아직도 지켜 주어야 할 '어린 딸'임이 틀림없습니다. 더욱이 하나밖에 없기에 매우 소중합니다눅 8:42. 이스라엘 여인이라면 생육하고 번성하는 일을 모두 고대합니다. 이런 꿈을 이루지도 못하고 생을 마감한다면 그것처럼 안타까운 일은 없습니다.

그런데 회당장 야이로는 예수님이 호수 저편에서 이곳으로 오신다는 소문을 오늘 들었던 겁니다. 그는 간절했겠지요. 따라서 회당장의 신분도 마다하고 예수님의 발 앞에 엎드리기로 작정했던 겁니다. 체면이고 자존심이고 다 소용없습니다. 딸을 살려 주시기만 한다면! 회당장은 그렇게 절박합니다. 예수님은 회당장의 간청을 듣자마자 망설임 없이 바로 발걸음을 회당장의 집으로 옮기십니다.

그런데 이를 어쩌지요? 오늘따라 무리가 집요할 정도로 예수님께 밀려듭니다. 제대로 걸음을 옮길 공간조차 없습니다. 사람들이 에워싸 밀어 댑니다막 5:24. 기적에 굶주린 군중. 권능에 지나친 욕망을 느끼는 무리. 누군가 뒤에서 밀어 대고, 앞에서는 뒷사람에게 자리를 뺏기지 않으려고 계속 밀어 내면서 더욱 혼잡해집니다. 예수님을 따라간다기보다는 사람들의 물결에 휩쓸려 간다는 게 맞겠습니다.

그런데 이들은 정말 무엇을 얻기 위해 이렇게 꾸역꾸역 밀려드는지 생각해 보게 됩니다. 우리도·마찬가지입니다. 사람들의 물결을 따라 휩쓸려 가듯이 움직이지만 우리는 무엇을 얻기 위해 이 길로 가고 있는 걸까요? 혹시 기적을 목격하고 우리가 원하는 응답을 얻기 위해서 가는 길은 아니겠지요? 우리는 잊지 않습니다. 우리의 발걸음은 믿음의 주요, 온전하게 하시는 예수님을히 12:2 따라가는 여정이라는 것을요.

열두 해 혈루증 앓던 여인,
예수님과의 만남

그나저나 우리가 이렇게 앞뒤 사람들 사이에 꽉 끼여 있으니, 마치 이 모양새는 '샌드위치' 같습니다. 오늘의 에피소드 형태도 샌드위치 구조

간절함의 자리

입니다. 여기서 우리는 문득 끼어드는 한 인물을 곧 만나게 될 겁니다. 누구냐고요? 사람들 틈에 끼어들지 못하고 구석 길에서 머뭇거리는 저 여인입니다. 여인은 지금 사람들과의 접촉을 피하면서 이리저리 숨어 있지요. 사람들 사이에 끼여 있던 우리는 군중 사이를 빠져나와 외곽에서 쭈뼛거리는 여인에게 다가가고 싶습니다.

여인은 열두 해 혈루증을 앓고 있는 사람입니다눅 8:43. 그녀가 현재 몇 살인지는 모릅니다. 지금 회당장 딸아이의 나이와 같은 열두 살부터 생리를 시작했다고 치고 그때부터 혈루증을 앓았다고 해도 꽉 찬 스물 넷은 되었겠지요. 우리가 사는 시대에서 스물넷이면 아직 어린 처녀로 여겨질 테지만 그 당시는 아닙니다. 스물넷이면 이미 자녀 여러 명을 낳고 가정을 일구며 살아갈 꽤 연륜 깊은 여인의 나이입니다. 그런데 이 여인은 지금 고독하게 혼자입니다. 왜 그녀가 외롭게 홀로 남았는지 는 차차 알아보도록 하지요.

여하간 그런 그녀가 구석 길에서 벗어나 밀려드는 군중 속에 들어가 려는 것 같습니다. 그녀의 걸음걸이는 매우 조심스럽기만 합니다. 얼굴 은 창백합니다. 유출하는 여인.

유출하는 여인에 대해서 율법은 어떻게 묘사하는지 알아보겠습니다. "만일 여인의 피의 유출이 그의 불결기가 아닌데도 여러 날이 간다든지 그 유출이 그의 불결기를 지나도 계속되면 그 부정을 유출하는 모든 날 동안은 그 불결한 때와 같이 부정한즉 그의 유출이 있는 모든 날 동안에 그가 눕는 침상은 그에게 불결한 때의 침상과 같고 그가 앉는 모든 자리도 부정함이 불결한 때의 부정과 같으니…너희는 이와 같이 이스라엘 자손이 그들의 부정에서 떠나게 하여 그들 가운데에 있는 내 성막을 그들이 더럽히고 그들이 부정한 중에서 죽지 않도록 할지니라"레 15:25-26, 31.

율법에 따라서 여인을 정의하자니, 그녀는 '부정한 자'입니다. 성안에 들어와 예배드릴 수 없는 자입니다. 가족과 함께 지낼 수 없는 자입니다. 시장에 나가서 필요한 물건을 바꾸거나 구입할 수도 없습니다. 목이 말라도 아무 데서나 물을 마실 수 없습니다. 유출 때문에 늘 몸을 씻어야 함에도 불구하고 물가로 갈 수도 없습니다. 아무하고도 함께 지낼 수 없는 부정한 여인. 그래서 그녀는 지금 외롭게 홀로 남아 있는 사람이라는 것을 우리는 알게 됩니다. 흐르는 피가 그쳐야 생리 주기를 알 수 있는데 시작과 끝을 알 수 없는 유출이 여인을 열두 해 동안 절망스럽게 했겠지요.

사실 여자에게 생리가 시작되었다는 것은 아기를 낳을 수 있는 능력을 지시하는 것입니다. 그렇지만 생리가 내내 그치지 않는다면 도리어 아기를 낳을 수 없다는 역설에 빠져듭니다. 넘치는 피. 몸 안에 피가 멈추기를 여인은 열두 해가 넘어가도록 기다리고 있습니다. 완전히 그치는 것이 아니라 그치고 다시 시작하는 주기를 기다립니다. 진정 태가 열린 여인으로 살아가기 위해 애가 탑니다.

여인의 유출은 우리 삶에서 '멈춤'의 주기가 얼마나 필요한 것인지를 말해 줍니다. 무엇이든지 '멈춤'이 없는 진행은 위험합니다. 삶은 멈추고 진행하고, 다시 멈추고 진행하는 순환을 통해 흘러가도록 되어 있습니다.창 8:22 그러나 여인의 순환 체계는 완전히 파괴되어 있습니다. 피를 흘리고 있다는 것은 그녀가 매일 죽어 가고 있다는 것을 말해 줍니다.

여인이 살아 보고자 안간힘을 쓰지 않았던 것도 아닙니다. 예로부터 내려오는 신통하다는 여러 치료법들이라면 다 사용해 봤을 겁니다. 명반을 포도주에 개어서 먹으면 피가 그친다더라, 크로커스 식물을 먹으면 유출이 마른다더라, 양파를 먹으면 생리 주기가 잡힌다더라 등[66] 모든 것을 다 해 보았지만 소용없었던 거죠. 마가복음을 읽어 보면 "많은 의사에게 많은 괴로움을 받았고 가진 것도 다 허비하였으되 아무 효험이 없고 도리어 더 중하여졌"다고만 나옵니다.막 5:26 당황감, 수치감, 신에게 버림받았다는 느낌, 그리고 파산. 이렇게 보낸 지가 열두 해입니다. 그녀의 영은 이미 죽어 있었다고 말해도 과언이 아니겠지요.

그러던 오늘, 해변가로 배가 들어왔던 겁니다. 사람들이 웅성거렸고, 예수님이 오신다는 이야기를 들었지요. 예수님! 나인성에서 과부의 죽은 아들을 살리셨다는. 백부장의 종을 낫게 해 주셨다는. 지난번 회당에서 손 마른 사람의 오른손을 펴 주셨다는. 그 예수님이십니다! 여인의 마음엔 온통 예수님으로 가득 차올랐나 봅니다. '그래, 일생에 단 한 번이야. 언제 다시 이곳에서 예수님을 만날지 나는 몰라. 옷에만 손을 대어도 좋아. 나는 야이로 회당장처럼 그분 앞에 나가 무릎을 꿇을 수조차 없는 부정한 존재야. 사람들이 나를 내쳐 버릴 꺼야. 그러니 몰래 뒤로 가 보자. 어서!' 여인은 그런 마음으로 지금 걸음걸이를 움직이고 있다고 생각합니다.

보십시오. 지금 여인의 다가섬은 회당장 야이로의 다가섬과 아주 다릅니다. 회당장 야이로는 예수님 앞에 무릎을 꿇고 그의 외동딸에게 해 주셔야 할 행동을 구체적으로, 체계적으로 열거할 수 있었습니다. 이런 식으로요. "내 어린 딸이 죽게 되었사오니 첫째! 집으로 오소서. 둘째! 그 위에 손을 얹으소서. 그리고 셋째! 그로 구원을 받아 살게 하소서"막 5:23 참조. 회당장답게 조직적이고 명령식으로 간청을 했습니다. 그런데 여인은 그런 것을 생각할 수조차 없습니다. 여인이 할 수 있는 것은 단 하나입니다. 스스로 다가가 예수님의 옷자락이라도 몰래 만지는 것뿐입니다. 유출에서 해방될 수 있다면! 바로 그 같은 심정뿐입니다.

이제 그녀는 예수님의 옷을 만지기 위해 나아갑니다. 그리고 옷에 손을 댑니다눅 8:44. 옷자락 끝의 술을 만졌는지, 옷깃을 만졌는지는 모릅니다. 저는 여기에서 그것에 대해서는 살펴보지 않으렵니다. 그것은 마치 옷의 어느 부위에 손을 대어야 응답이 이루어지는가를 따지는 것 같아서입니다. 그렇지만 겉옷이 능력을 상징하는 것임에는 틀림없습니다왕하 2:13-14; 시 93:1; 잠 31:25 등. 따라서 여인이 주님의 능력을 간절히 사모하면서 예수님의 옷을 만졌다는 것만은 확실합니다.

그 순간입니다. 예수님의 능력이 '유출'됩니다. 예수님이 피를 흘리시

간절함의 자리

듯 능력이 유출되고, 여인의 유출되던 피는 그 순간 멈춥니다. 마치 예수님이 여인 대신 질고를 지시고사 53:4 피를 흘리시듯. 별안간 그녀의 삶의 절기에 '멈춤'이 찾아옵니다. 그 뜻은 이제 다시 '시작'할 수도 있다는 것을 암시합니다. 주기를 되찾았다는 이야기입니다. 순환이 이루어집니다. 생산을 기대할 수 있다는 뜻입니다. 열두 해의 '죽음' 같은 시간을 넘기고 이제부터 다시 '삶'의 시작이 가능합니다.

예수님과 교감을 이룬 사람은 누구인가

예수님이 갑자기 뒤를 돌아보십니다. 그리고 물으십니다. "내게 손을 댄 자가 누구냐"눅 8:45. 불쑥 내민 듯한 질문을 받고 무리가 그 자리에 걸음을 멈춥니다. 모두 사방을 둘러봅니다. 예수님께 손을 댄 자? 지금 예수님을 둘러싼 무리를 보십시오. 서로 밀어붙이고 움직일 틈을 주지 않으려고 지켜 서면서 막는 사람들뿐입니다. 그런데 예수님이 누가 손을 대었냐고 물으시니 모두 어리둥절할 밖에요.

곁에 있었던 제자 베드로가 예수님의 질문이 좀 어이없었는지 이렇게 대답합니다. "주님, 지금 누가 손을 대었냐고 물으실 시간이 없습니다. 어서 회당장 집으로 가셔야지요. 보십시오. 무리가 계속 밀어 대고 있질 않습니까? 예수님께 손을 댄 자가 너무 많습니다. 누가 손을 대었냐고 물으시면 여기 있는 사람들 모두가 손을 댄 자입니다." 그래도 예수님은 꼼짝없이 그 자리에 서서 주변을 계속 둘러보십니다. "내게 손을 댄 자가 있도다 이는 내게서 능력이 나간 줄 앎이로다"눅 8:46.

우리는 이 광경을 지켜보면서 마른침이 삼켜집니다. 여인은 바들바들 떨면서 두려워하고 있습니다. 회당장인 야이로의 불안한 표정을 보세요. 저 표정은 이렇게 속으로 말하는 것만 같습니다. '아니, 지금 그것이 중요한가? 내 딸이 죽어 가고 있는데 누가 예수님 옷에 손을 대었는지 여기서 기필코 알아내셔야 하겠는가? 여기서 이 따위 일로 시간을 허비하다니 말도 안 돼. 내 어린 딸이 죽음의 문턱을 오르내리고 있단 말이다! 내 어린 딸, 회당장인 이 야이로의 어린 딸을 죽게 내버려 두어선 안 돼!' 회당장의 속은 까맣게 타들어 갑니다.

예수님께 '손을 대는' 행위. 과연 이것이 어떤 의미가 있기에 예수님은 급한 걸음을 여기서 멈추시고 이 여인을 필사적으로 찾아내려고 하시는 걸까요?

여기서 '손을 대다'라는 말은 가벼운 접촉을 말하지 않습니다. 스치거나 살짝 만지는 것이 아닙니다. 여기 쓰인 동사 헬라어 '합토'ἅπτω: hap-tō는 '점화하다'라는 뜻이 있습니다. 불을 붙이는 행위가 들어가기 때문에 이 동사는 또한 '친밀히 만지다', '붙좇다', '묶다', '간섭하다', '개입하다', '획득하다'라는 뜻까지 수용하는 단어입니다.[67]

여인은 에워싸고, 밀고, 압박하는 사람들 사이에서 예수님을 그저 살짝 만진 게 아닙니다. 원래는 살짝만 만지려는 의도로 나아갔는지도 모릅니다. 그렇지만 예수님 가까이에 다가간 그녀는 예수님을 살짝만 만질 수 없었나 봅니다. 그녀는 있는 힘을 다해 꼭 붙들었던 겁니다. 생명을 붙들듯.

관례상 여인은 다른 남자를 이렇게 붙들면 안 됩니다. 유출하고 있는 여인이라면 더 말할 것도 없습니다. 이것은 모든 금기를 깨는 행위입니다. 그렇지만 작은 나뭇가지 같은 여인. 밟으면 쉽게 부러져 버릴 것 같은 사람. 그녀의 마음속에는 열망의 발화제가 있었습니다. 그녀의 발화제 같은 열망이 관례를 관통해 버리고 예수님의 몸에 격렬하게 부딪치면서 능력의 불을 일으켰습니다. 그 뜨거운 불은 여인의 흐르는 혈을 다 건조시켜 버렸습니다. 많은 무리 중에서 그녀는 홀로 예수님과 '당신과 나'I and Thou의 교감을 이루어 냈고, 그것은 그녀가 예수님을 붙잡는 순간 이루어졌던 것입니다.

그리하여 "내게 손을 댄 자가 누구냐?"라는 예수님의 질문은 그리스도 메시아적인 긍휼로 여인을 부르시는 음성입니다. "누구인가, 나와 교감을 이룬 그 사람은?"이라고 물으셨다고 보면 맞습니다.

여인은 드디어 숨지 못하고 나아옵니다. 두려워 엎드려 예수님께 그 손 댄 이유와 곧 나은 것을 숨김없이 말합니다눅 8:47. 그녀의 몸은 바람에 흔들리는 촛불처럼 떨립니다. 그런 여인을 보고 예수님은 이렇게 말씀하십니다. "딸아 네 믿음이 너를 구원하였으니 평안히 가라"눅 8:48.
이 여인, 생명을 간절히 붙들었던 유출자는 능력을 유출 받았고, 주님
의 '어린 딸'처럼 보살핌을 받았으며, 치유를 입고 구원을 얻었습니다.

달리다굼,
깨어서 거리로 나오는 야이로

그렇다면 지금 '어린 딸'의 구원을 간절히 구하고 있는 회당장은요? 우
리의 시선은 다시금 야이로에게 옮겨 갑니다. 아차! 시간이 없습니다.
어서 그의 집으로 가야지요. 야이로의 집까지 가려면 저기 끝 길까지
가서도 또 모퉁이를 돌아야만 합니다. 가버나움의 부유층들은 갈릴리
바다가 보이도록 집을 지었기 때문에 거리에 여기저기 보이는 서민들
의 움막 같은 집이 아닙니다. 야이로의 집까지 가려면 앞으로도 상당히
걸어야 합니다.
　　저는 이 장면에서 회당장 야이로는 과연 어떤 심정이었을지 나름대
로 상상해 보려고 합니다. 그는 아마 조급해서 견딜 수 없었겠지요. 여
기에 온통 시간을 허비했음에 애가 타겠지요.
　　야이로는 이 마을의 회당장이기에 저 유출했던 여인에 관한 소식을
전부터 익히 알았을 것입니다. 그렇지만 여인을 직접 만나서 대면해야

했던 적은 한 번도 없었습니다. 마을에 이런저런 돌봐 주어야 할 일들은 사실 종교 지도자로서 회당장의 보이지 않는 직무이기도 합니다. 그 보이지 않는 직무 중 하나는 유출하는 불결한 여인을 회당 근처에 얼씬도 못하게 하는 일도 있었습니다. 야이로는 언제나 저런 여인의 삶을 '신에게 버림받은 인생'이라고 간주하며 돌보지 않았을지도 모릅니다. '그렇지만 이 회당장 야이로의 어린 딸은 저 여인과 다르다. 암, 다르고 말고! 내 딸만큼은 어서 가서 살려야 해. 이런 여인에게 예수께서 이토록 오랫동안 시간을 써 버리시다니!' 이런 마음이 들지 않았을까요?

그럼에도 불구하고 예수님은 진짜로 여기서 걸음을 꽤 오랫동안 지체하십니다. 이리도 촉박하건만. 한 걸음이 아쉽건만. 속히 가야 할 길이건만. 그야말로 여인은 야이로의 급한 길에 샌드위치처럼 끼어든 불미스러운 해프닝이라고만 여겼을 것입니다. 하지만 야이로는 티 낼 수는 없습니다. 그는 마을에서 가장 존경받는 '회당장'이라는 타이틀을 지닌 사람이기 때문입니다.

이때입니다. 회당장의 집에서 사람이 와서 이렇게 말합니다. "당신의 딸이 죽었나이다 선생님을 더 괴롭게 하지 마소서"눅 8:49. 이게 무슨 소식입니까?

회당장은 소식을 접하자마자 다리에 힘을 잃고 휘청거립니다. 죽다니! 열두 해 혈루증을 앓았던 여인 때문에 걸음을 지체했던 이 시각에 열두 살 난 회당장의 소중한 딸이 죽어 버린 것입니다. 회당장은 이내 뻣뻣하게 그 자리에 멈추어 버립니다. 혈루증을 앓았던 여인을 어이없이 바라봅니다. 여인은 회당장을 안타깝게 바라보며 무엇이라고 절실하게 말하려는 것만 같습니다. 회당장은 모든 게 허망해집니다. 왠지 가눌 수 없는 분노가 치밀어 올라 여인을 힘껏 외면합니다. 억장이 무너집니다. 슬픔과 분노가 교차합니다.

예수님도 회당장의 딸이 죽었다는 소식을 들으십니다눅 8:50. 그런데 마가복음을 보면, 예수님은 이 소식을 그냥 들으신 것이 아닙니다. 예수님이 듣기는 들으시되 "곁에서 들으시고"막 5:36라고 되어 있습니다. '곁에서 들으시고'라는 말은 헬라어로 '파라쿠오'παρακούω: parakouō인데, 이는 어쩌다 듣게 되는 경우를 말합니다. 그래서 '염두에 두지 않다', '무시하다', '듣기를 거부하다'라는 뜻이 됩니다.[68] 예수님은 사람들이 전달한 회당장 딸의 죽음 소식을 무시하셨다는 의미입니다.

그러나 회당장은 이 소식을 간과할 수 없습니다. 사람들이 죽었다고 하면 죽은 것입니다. 죽음은 결코 무시할 수 없는 소식입니다. 딸이 죽었다는 것은 이제 더 이상 야이로가 예수님과 함께 이 길을 걸을 이유가 없다는 뜻입니다. 예수님께 아무것도 간구할 바가 없습니다. 가던 길을 포기하고 싶습니다.

그럼에도 불구하고 예수님은 회당장에게 이렇게 말씀하십니다. "두려워하지 말고 믿기만 하라 그리하면 딸이 구원을 얻으리라"눅 9:50. 도저히 믿을 수 없는 순간에 믿어야 한다는 주님의 음성. 회당장은 할 말

　　　　　　　　　　　　　　　간절함의 자리

을 잃습니다. 믿기만 하라니. 그러면 구원을 얻는다니.

여전히 우리는 회당장의 집으로 가는 길목에 서 있습니다. 계속 이 길을 가야 할까요? 기적이 일어나지 않을 수도 있습니다. 밀려들던 군중의 수는 이제 반으로 확 줄어 버렸습니다. 밀려들고 따랐던 무리는 회당장의 딸이 죽었다는 소식과 더불어 "나 원 참!" 하면서 혀를 끌끌 차며 떠나 버렸나 봅니다. 대신 그들은 회당장의 딸을 곡하기 위해 그쪽으로 밀려 들어갑니다. 회당장은 정신 나간 사람처럼 휘적휘적 걷습니다. 저기까지 가서 모퉁이 길을 돌면 그의 집입니다.

이제 다 왔습니다. 예수님은 무리를 다 제치시고 오직 베드로, 요한, 야고보, 그리고 아이의 부모만 데리고 안으로 들어가려고 하십니다눅 8:51. 회당장은 딸아이의 방 문 앞에서 약간 망설이는 것 같군요. 선뜻 들어가지 못하고 문턱에서 주춤합니다. 벌써 곡하는 무리가 집에 가득 차 있다는 걸 압니다. 울며 통곡하며 딸아이의 죽음을 슬퍼하는 사람들이 여기저기 보입니다. 이곳은 절망의 집입니다. 무리가 통곡하는 소리는 생명을 믿는 소리가 아니라 죽음을 믿는 소리입니다. 예수님의 권능을 부정하는 소리입니다. 예수님은 통곡 소리를 잠재우며 이렇게 말씀하십니다. "울지 말라 죽은 것이 아니라 잔다"눅 8:52.

잔다고? 회당장은 예수님을 쳐다봅니다. 예수님을 믿어야 하나, 아니면 저 곡하는 무리의 통곡 소리를 믿어야 하나, 혼란스럽습니다. 죽음이 아니라 잠을 잔다는 것은 잠시 '멈춤'을 뜻합니다. 완전히 멈추어 버린 것이 아니라 새로운 주기를 위해서 멈추어 선 것입니다. 잠을 자고 있다면 지금 쉼을 취하고 있다는 것이며, 깨어나면 다시 예전처럼 먹고, 마시고, 걸어 다니며 활동을 할 것입니다. 혈루증을 앓았던 여인은 끊임없이 피가 유출됨으로 날마다 절망했습니다. '멈춤'이 없어서 그녀는 죽어 가고 있었습니다. 그런데 회당장 딸아이는 살아나기 위해 깊은 휴식 같은 '멈춤'을 하고 있다는 뜻입니다. 회당장은 이 '멈춤'을 어떻게 받아들여야 할지 막막하기만 합니다.

반면 예수님이 아이가 죽은 것이 아니라 잠을 잔다고 말씀하시니, 곡하던 사람들이 별안간 비웃습니다눅 8:53. "하하하, 웃기고 있네." 사람들이 조롱합니다. 이런 말까지 들립니다. "죽었는데 잔다니. 저런 예수를 믿은 우리가 얼뜨기 같은 존재가 아닌가!"

우리는 비아냥거리는 사람들을 보면서 가슴이 내려앉습니다. 갈릴리 바다 저편에 갔다가 다시 이편으로 돌아왔을 때 군중의 환영하는 소리가 생각나기 때문입니다. 너무나도 빨리 무리의 환영하는 소리가 비웃는 소리로 바뀌었습니다. 초반에 제가 말씀드린 것처럼, '무리'가 모여 있는 곳은 안심할 수 있는 곳이 못 되는 모양입니다. 진정 만물보다 거짓되고 심히 부패한 것이 사람의 마음인 것입니다렘 17:9.

회당장은 딸아이의 방으로 예수님을 모시고 들어가야 하는지, 아니면 주저앉아 통곡하고 무리와 함께 예수님을 비웃어야 하는지 망설여집니다. 그의 마음은 자꾸만 통곡하는 자에게, 그리고 비웃는 자에게

간절함의 자리

기웁니다. 갈등이 심화됩니다. 회당장은 멍하니 초점을 잃고 허공을 바라봅니다.

회당장은 좀 전에 예수님께 치유를 입었던 혈루증 앓았던 여인을 떠올립니다. 무엇인가 간절하게 말해 주려고 입술을 움직였는데 외면하고 여기까지 걸어왔다는 사실을 깨닫게 됩니다. 여인은 무엇이라고 말하려고 했는지 알 도리가 없습니다. 그렇지만 열두 해 동안이나 혈이 마르지 않았는데 예수님의 옷자락을 만진 것만으로도 치유함을 입었다는 사실은 왠지 모르게 야이로에게 희망을 안겨 주는 것만 같습니다. 이 사실을 상기하며 예수님께 다시 한 번 치유의 기대를 걸어 보려고 마음먹습니다. 회당장은 용기를 내어 일어납니다. 예수님을 따라 딸아이의 방으로 들어갑니다.

예수님은 소녀의 방에 임재하십니다. 아이의 손을 잡으십니다. 회당장이 간구했던 바지요. 하지만 앞서 언급했지만 관례상 여인이 남자를 붙들지 못하듯이 남자도 여인의 손을 잡을 수는 없습니다. 이 딸아이가 열두 살이면 성인에 접어든 여인입니다. 그렇다면 예수님이 회당장 딸의 잡을 수 없는 손을 만지셨던 것일까요? 그렇지 않습니다. 지금 이 딸은 회당장이 말했듯이 그저 '어린 딸'입니다. 예수님은 '어린 딸'의 손을 잡으셨던 겁니다. 혈루병을 앓았던 여인도 예수님께 '딸' 같은 존재였듯이.

예수님이 "달리다굼"talitha koum이라고 아람어로 말씀하십니다. 마치 자는 아이를 깨우시듯. '달리다굼.' 이것은 번역하면 "소녀야 일어나라"입니다막 5:41; 눅 8:54. 열두 살 소녀입니다. 홀로 설 수 있는 나이. 그 나이답게 그녀가 일어나 서게 됩니다. 잠을 잤던 '멈춤'을 끝내고 새로운 절기가 소녀를 찾아왔습니다. 그리고 이것은 '다시 살아남'이기도 합니다. 예수님은 "먹을 것을 주라"고 명하십니다눅 8:55. 온전히 살아나게 된 몸은 먹고 마시는 활동을 재기할 수 있습니다.

회당장은 놀랍니다. 회당장은 딸아이를 꼭 껴안아 봅니다. 따뜻한 체온이 흐르는 딸아이에게서 건강한 숨결이 느껴집니다. 후, 하고서 깊이 안도의 한숨이 내쉬어집니다.

너무나도 긴박하고 급작스럽게 이루어진 회당장의 하루였습니다. 회당장은 멍합니다. 헤어 나오지 못할 것만 같은 긴 잠을 자고 일어난 듯이. 여기서 누가는 회당장 야이로에 관한 에피소드의 기록을 마치지만, 우리는 좀 더 이야기를 이어 나가야 합니다. 이 이야기의 여운은 독자들의 깨달음에 있기 때문입니다.

회당장은 그날 곡하는 무리를 내보내고 그의 집을 나섰을 것입니다. 그는 예수님과 걸었던 그 길을 다시 되돌아 걸어 보았으리라 생각합니다. 아까는 옆도 돌아보지 못하고 허겁지겁 걸어왔던 길. 주변을 돌아볼 새가 없었던 길. 예수님의 더딘 발걸음을 원망하면서 재촉했던 길. 예수님이 혈루병 앓는 여인을 위해 발걸음을 멈추셨을 때 회당장이 안달 났던 노선입니다. 그러나 그는 이 길을 아까와는 다른 마음으로 평

간절함의 자리

온하게 다시 걸어 봅니다. 흙길에 난 예수님의 발자국을 애써 더듬고 찾으며 걸어 봅니다. 회당장을 따라 우리도 다시 걸어 봅니다.

이 회당장은 너무 오랫동안 회당 안에만 머물면서 살았던 그 누군가를 가리키지 않을까요? 회당장은 회당장으로서가 아니라 평범한 '형제'가 되어서 처음으로 거리로 나와 진정 걸음다운 걸음을 걸어 보아야 합니다. 후미진 곳도 찾아보고, 주변에 아파하는 사람들을 돌아보기 위해 걸어 보아야 합니다. 그리스도의 긍휼함을 지니고 아픈 영혼을 찾아가야 하는 형제로서 이 길을 걸어 보아야 하는 것이지요.

회당장이 되어 회당 안에서만 살아가는 일은 이제 그만두어야 할 때입니다. '나와 당신'이라는 진정한 교감을 이루는 한 영혼이고 싶습니다. 회당의 높은 자리가 아니라 고통받는 사람들과 함께 낮은 자리에 앉으며 그들과 더불어 주님을 바라보아야 하는 '간절한 영혼'이 되기를 갈망합니다.

오늘 이런 야이로는 그 길을 다시 걸어 나가 옛 장소를 찾아가 혈루병을 앓았던 여인을 만납니다. 불쑥 나타나 회당장의 급한 걸음을 방해했다고만 여겼던 여인을 찾아가 이제 미안하다고 말하고 싶습니다. 여인의 눈을 바라보며 야이로는 물어봅니다. "아까는 급해서 제가 여유가 없었음을 용서하십시오. 지난 열두 해 동안 힘들고 외로웠을 텐데 돌아보지 못했던 이웃이었음에 죄송합니다. 그런데 좀 전에 이 길을 조바심을 내며 떠나려던 나에게 무슨 말을 하려고 했던 것 같은데. 자, 지금 그 말을 제게 들려주십시오."

여인은 오랫동안 말이 없다가 결국 그의 눈을 보면서 조용히 대답합니다. "저는 지난 열두 해를 죽음과 맞바꿀 간절함으로 기다렸어요. 그런데 좀 전에 당신은 오후 반나절을 기다리지 못해 조바심을 내는 것을 보았지요. 그래서 다만 기도했을 뿐입니다. '야이로, 그를 더 깊은 간절함으로 깨우소서!'"

'야이로, 그를 더 깊은 간절함으로 깨우소서!' 회당장 야이로는 깨우치고 또 깨어나 거리로 걸어 나가기를 고무받습니다. 회당 안에서만 이루어지는 일이 전부가 아닙니다. 이제는 회당 밖으로 나가 거리의 이름 없는 '혈루증 앓는 여인'을 만나도록 격려됩니다. 팔을 뻗어 여인의 손을 잡고 연약함의 자리에 함께 앉기를 권고 받습니다. 그것이 진정 하나님 나라를 힘껏 당기는 일이라는 걸 깨닫고.

그리고 고백합니다. 저 역시 너무 오랫동안 회당 안에만 있었던 '야이로'였다는 생각이 듭니다. 긴 세월 신앙생활을 했지만 교회 울타리 안에만 머물렀던 것 같습니다. 하지만 지금부터는 거리의 간절한 영혼을 체휼하며 예수님의 발자국을 찾으며 그 길을 동행하는 제가 되고자 합니다. 아주 작은 실천부터 그렇게 되어 보려고 노력하렵니다. 여러분도 이 거리로 나와 함께 걸어 주십시오. 연약한 영혼들과 더불어 간절해지기를 원합니다. 고운 모양도 없고, 풍채도 없으며, 보기에 흠모할 만한 아름다운 것이 없는사 53:2 예수님이 이 거리에 우리와 함께 걷고 계심을 기억하며, "주님, 더 깊은 간절함으로 저를 깨워 주소서!"라고 기도합니다.

예수님을 따라 갈릴리의 간절한 영혼들을 만나기 위해 여러분과 떠난 여행은 여기까지입니다. 저는 지금 아쉬움의 긴 호흡을 내쉽니다. 이른 아침부터 이곳을 걸었는데 지금은 벌써 늦은 오후입니다. 오늘따라 갈릴리는 더 따사롭습니다. 우린 이쯤에서 좀 앉아 보겠습니다. 저는 갈릴리 땅에 드리워진 여러분의 그림자에 제 손을 대 봅니다. 그림자가 여러분의 마음의 온도만큼이나 따뜻합니다. 신실했던 여러분과의 동행은 아름다웠습니다. 진심으로 고맙습니다. 여러분의 눈을 바라봅니다. 제 눈도 바라봐 주십시오. 눈동자에 가슴으로부터 올라온 물이 괴어 있음을 느끼시는지요.

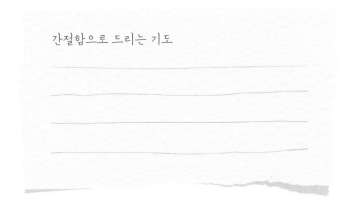

간절함으로 드리는 기도

좋은 친구 여러분께
"카이레테!"

어떤 계기였는진 모르지만 여러분은 이 책을 쥐었고, 그 순간부터 책이 아니라 제가 내미는 손을 잡아 주셨습니다. 기다렸던 만남은 끝까지 이어졌습니다. 순례의 동반자로 제 곁에서 여기까지 걸어 주셨습니다. 저는 길목마다 여러 이야기를 나누었습니다. 그러나 저는 혼잣말을 하지 않았다고 생각하렵니다. 여러분의 삶의 줄거리와 음성이 저에게는 소중했으니까요. 우리 앞에서 우리를 인도하시는, 더 큰 보폭으로 걷고 계시는 그분, 그 인자께서도 이 여정 동안 여러분의 이야기와 목소리에 귀를 기울이셨음을 믿습니다.

이 순간 우리는 왠지 이미 '갈릴리 사람들'이 되어 있는 것만 같습니다. 포물선을 그리며 되돌아오고 또 되돌아오고픈 '동그라미 갈릴리'를 마음에 새깁니다. 아픔과 상처를 지닌 땅. 그렇기에 따뜻하게 보듬어 주고픈 갈릴리.

그러나 예수님은 이런 갈릴리를 떠나 또 다른 장소로 걸음을 옮기실 것입니다. "예수께서 승천하실 기약이 차 가매 예루살렘을 향하여 올라가기로 굳게 결심하시고"눅 9:51라고 누가는 기록했습니다. 예루살렘. 그 높은 고도에 위치한 도성에 입성하기 위해 뚜벅뚜벅 걸어가실 것입니다. 예루살렘으로 가는 길은 넓고 쉬운 길이 아닙니다. 좁고 험난한 길입니다. "세상 죄를 지고 가는 하나님의 어린양"요 1:29이시기에 가셔야 하는, 거절당하고 고통을 겪으며 무거운 십자가를 지셔야 하는 길. 그럼에도 겸허히 발걸음을 옮기실 겁니다. 그 길만이 죽음을 이기고 승리하시는 길이요 부활의 소망을 전하시는 길이기에.

이후 부활하신 주님은 무덤을 찾아온 여인들에게 이런 말씀을 들려주시겠지요. "가서 내 형제들에게 갈릴리로 가라 하라 거기서 나를 보리라"마 28:10. 갈릴리! 부활하신 주님은 제자들에게 그곳으로 다시 가라고 하실 겁니다. 거기, 갈릴리에서 주님을 뵐 수 있기 때문에 제자들은 예수님이 지시하신 갈릴리 그 산에 이르겠지요마 28:16. 그곳에 이른 제자들은 이내 기억할 겁니다. 갈릴리 그 산에서 주님이 들려주셨던 '팔복'Beatitudes, 참 행복의 메시지를마 5:1-10. 여기서 그 메시지를 함께 들어 보면 어떨까요? 저는 이 단락의 원문을 이렇게 번역해 여러분께 들려주고 싶습니다.

"행복하도다! 심령이 가난한 자들은.

왜냐하면 하늘의 나라가 그들의 것이기 때문이다.

행복하도다! 애통한 자들은.

왜냐하면 그들이 위로를 받을 것이기 때문이다.

행복하도다! 힘이 없고 유약한 자들은.

왜냐하면 그들이 땅을 상속받기 때문이다.

행복하도다! 의에 주리고 목마른 자들은.

왜냐하면 그들이 내면의 깊고 충만한 만족을 경험하기 때문이다.

행복하도다! 긍휼히 여기는 자들은.

왜냐하면 그들이 긍휼히 여김을 받을 것이기 때문이다.

행복하도다! 마음이 청결한 자들은.

왜냐하면 그들이 하나님을 볼 것이기 때문이다.

행복하도다! 화평하게 하는 자들은.

왜냐하면 그들이 하나님의 아들이라 일컬음을 받을 것이기 때문이다.

행복하도다! 의를 위하여 박해를 받는 자들은.

왜냐하면 하늘의 나라가 그들의 것이기 때문이다."

행복하도다! 행복하도다!

간절함의 자리

영적인 불모지不毛地. 구원자를 애타게 기다리는 영혼들이 가득한 땅. 고통의 현실을 벗어나게 해 주실 메시아를 절실하게 기다리는 땅에서 울려 퍼지는 말씀. "카이레테!"라는 인사를 주고받을 수 있지만 진정한 행복이 무엇인지는 까마득하게 잊고 살아가는 장소에서 들리는 "행복하도다!"[69]라는 메시지.

그물을 손질하는 고단한 어부가, 공동체에서 버림받은 병자가, 오랫동안 고립된 장소에서 사람의 체온을 느껴 보지 못한 세리가, 영혼이 숨을 쉴 수 없을 정도로 시든 손 마른 사람이, 스스로 합당하지 못함을 인식했던 이방인 백부장이, 모든 소망이 끊겨서 '지금' 통곡하고 있는 홀로된 어머니가, 눈물로 옥합을 깨뜨리는 죄 많은 여인이, 풍랑을 헤치며 낯선 곳을 노 저어 가는 제자들이, 쇠고랑의 얽매임에서 헤어 나오지 못하는 노예 같은 사람이, 그리고 끊이지 않는 유출의 여인과 이제 깨어서 거리로 나오는 야이로가 예수님을 만나 '제자'가 되어 뜨거운 눈물로 듣는 수훈垂訓입니다.

그리고 이곳 갈릴리에서 '오늘',

여러분과 제가 이 메시지를 동일한 감격으로 받습니다.

갈릴리의 영혼은 심령이 가난한 영혼입니다. 애통하는 영혼이며 온유한 영혼입니다. 의에 주리고 목이 마른 영혼이면서 긍휼함을 지닌 영혼이기도 합니다. 마음이 청결한 영혼이며 화평하게 하는 영혼입니다. 의를 위하여 박해를 받으면서도 더욱 진실하게 하나님 나라를 사모하는 영혼입니다. 갈릴리의 영혼은 정말 간절합니다. '오늘'을 놓칠 수 없는 '행복한' 사람입니다. 그리고 '오늘' 주님이 찾으시는 사람도 바로 이런 영혼입니다.

우린 여기서 또 한 번 상기합니다. 오래전에 선지자가 남긴 예언을. "어둠 속에서 고통받던 백성에게서 어둠이 걷힐 날이 온다. 옛적에는 주님께서 스불론 땅과 납달리 땅으로 멸시를 받게 버려두셨으나, 그 뒤로는 주님께서 서쪽 지중해로부터 요단강 동쪽 지역에 이르기까지, 그리고 이방 사람이 살고 있는 갈릴리 지역까지, 이 모든 지역을 영화롭게 하실 것이다"사 9:1, 새번역 성경. 어둠 속에서 고통받던 백성의 어둠을 거두어 내기 위해서, 멸시와 수치를 받은 땅을 영화롭게 하기 위해서 예수님이 되돌아오셨던 갈릴리. 우리는 그 갈릴리의 여정을 빛을 꿈꾸며, 회복을 꿈꾸며 함께했습니다.

어느 날 우리는 언덕에 서서 자세히 하늘을 쳐다보게 될 것입니다. 그때 흰옷 입은 두 사람이 우리 곁에 서서 이렇게 말하게 될지도 모릅니다. "갈릴리 사람들아 어찌하여 서서 하늘을 쳐다보느냐 너희 가운데서 하늘로 올려지신 이 예수는 하늘로 가심을 본 그대로 오시리라"행 1:11. 이 말씀에 여러분과 저, 우리 간절한 '갈릴리 영혼들'은 이렇게 외치겠지요. "기다립니다,

주님! 이 척박한 세상에서 주님의 약속을 간절히 붙들며 기다립니다. 아멘! 주 예수여. 오시옵소서"계 22:20 참조.

　이 장소가 좋겠습니다. 여러분과 인사를 나누기 가장 좋은 장소가. 갈릴리의 태양이 수평선 아래로 곱게 내려앉은 저녁입니다. 아무 말 하지 않아도, 아무 특별한 일을 하지 않아도, 우리는 잠잠하게 압니다. 우리 사이에 주님이 계심을.

　영성학자 헨리 나우웬Henri Nouwen은 예전에 이렇게 말한 바가 있지요. "나무를 보면서 '아름답지 않아?'라고 이야기할 수 있거나 해변에 앉아 조용히 수평선 아래로 지는 태양을 함께 바라볼 수 있는 그 타인이 친구입니다. 친구와 함께라면 특별한 말을 하거나 특별한 일을 할 필요는 없습니다. 친구와 함께 우리는 고요히 머물면서도 하나님이 우리 사이에 계시다는 것을 알 수 있습니다"A friend is that other person with whom we can look at a tree and say, "Isn't that beautiful," or sit on the beach and silently watch the sun disappear under the horizon. With a friend we don't have to say or do something special. With a friend we can be still and know that God is there with both of us.[70]

　헤어지기 전에 약속해 주십시오. 다시 어디선가 만나 그때도 함께 길을 걷자고. 그때까지 좋은 친구 여러분께, "카이레테!"

주(註)

1 John Peter Lange, Philip Schaff, Wilhelm Julius Schröeder, "1 Kings" in *A Commentary on the Holy Scripture* (Bellingham, WA: Logos Bible Software, 2008), p. 111-112.

2 Ludwig Koehler, Walter Baumgartner, M. E. J. Richardson, Johann Jakob Stamm, *The Hebrew and Aramaic Lexicon of the Old Testament: Aramaic* (Leiden, New York: E. J. Brill, 1994-2000), p. 458.

3 Frederic William Farrar, *The Life of Christ*, vol. 1 (New York: Cassell, Petter & Galpin, 1874), p. 53.

4 이 인사는 헬라어 동사 '카이로'(χαίρω: chairō)에서 비롯되었다. 이 동사의 기본적인 의미는 '기뻐하다'이다. '카이레테'(χαῖρετε: chairete)는 부활하신 예수님이 여인들을 만났을 때 사용하신 인사였으며(마 28:9) 사도 바울이 사용했던 문안 인사였다(고후 13:11). '카이레테'는 복수형이다. '카이레'(χαῖρε: chaire)라는 인사는 천사 가브리엘이 수태고지를 위해서 마리아를 찾아갔을 때에도 쓰였던 인사였으며(눅 1:28), 고난받으시는 예수님을 조롱하던 군사들이 가시관을 머리에 씌우고 자색 옷을 입히면서 건넸던 인사이기도 하다(막 15:18; 요 19:3). '카이레'는 단수형이다. 두 단어는 모두 명령법의 형태로 다니엘 윌리스(Daniel B. Wallace)는 이것을 '정형적인 인사'(stereotyped greeting)로 구분해 설명했다[*Greek Grammar: Beyond the Basics*(Zondervan, 1996), p. 493]. 참고로 신약성서의 기자들이 편지글에서 일반적으로 사용했던 인사로는 '카이레인'(χαίρειν: chairein)이 있다(행 15:23; 약 1:1; 요이 1:10). 동사 '카이로'(χαίρω: chairō)의 절대 부정사 용법에서 기인된 것이다. 현대 그리스

어의 가장 평범한 인사말로는 '야'(χεια: ya)라는 말이 있지만 필자는 예수님 당시에 사용되었을 헬라식 인사법으로 복수형인 '카이레테'를 선택했다.

5 Alfred Edersheim, *The Life and Times of Jesus the Messiah*, vol. 1 (New York: Longmans, Green, and Co., 1896), p. 223.

6 Richard A. Horsley, *Archaeology, History, and Society in Galilee: The Social Context of Jesus and the Rabbis*(Valley Forge, PA: Trinity Press International, 1996), p. 15.

7 Kenneth E. Bailey, *Jacob and the Prodigal*(Downers Grove, IL: IVP, 2003), p. 22-23.

8 미국 시카고에서 태어나 1960년대까지 활발하게 활동했던 미국의 성화 화가다.

9 캐나다 출신의 조각가다.

10 Martin Luther King, *Strength to Love*(New York, NY: Harper & Row, 1963).

11 참고로 게넷사렛(Γεννησαρέτ)은 토양이 비옥한 가버나움의 남쪽 평야를 가리킨다.

12 Kenneith E. Bailey, *Jesus Through Middle Eastern Eyes: Cultural Studies in the Gospels*(Downers Grove, IL: IVP, 2008), chapter 11.

13 Robert H. Stein, *Luke*, vol. 24, *The New American Commentary* (Nashville: Broadman & Holman Publishers, 1992), p. 169.

14 William Arndt, Frederick W. Danker, Walter Bauer, *A Greek-English Lexicon of the New Testament and Other Early Christian Literature*(Chicago, IL: University of Chicago Press, 2000), p. 442.

15 James Strong, *Enhanced Strong's Lexicon*(Woodside Bible Fellowship, 1995).

16 William Arndt, Frederick W. Danker, Walter Bauer, 앞의 책, p. 429.

17 같은 책, p. 447.

18 Richard Foster, *Prayer: Finding the Heart's True Home*(New York, NY: HarperSanFrancisco, 1992), p. 11.

19   N. T. Wright, *The Challenge of Jesus: Rediscovering Who Jesus Was and Is* (Downers Grove, IL: IVP Academic, 1999), p. 69.

20   한하운, 《보리피리》(서울: 인간사, 1955).

21   Alfred Edersheim, *Sketches of Jewish Social Life in the Days of Christ* (London: The Religious Tract Society, n.d.), p. 44.

22   Shmuel Safari, "Spoken and Literary Languages in the Time of Jesus" in *Jesus' Last Week* by S. Notly, M. Turnage, B. Becker, 226 (Leiden: Brill, 2006).

23   Alfred Edersheim, 앞의 책, p. 44.

24   William Arndt, Frederick W. Danker, Walter Bauer, 앞의 책, p. 445-446.

25   Walter A. Elwell, Barry J. Beitzel, *Baker Encyclopedia of the Bible* (Grand Rapids, MI: Baker Book House, 1988), p. 1670.

26   וַיִּנָּפַשׁ: '이나파쉬'(yyinnāp̄aš)(waw-consecutive + imperfect 와우 연속형+ 미완료시제).

27   Ludwig Koehler, Walter Baumgartner, M. E. J. Richardson, Johann Jakob Stamm, 앞의 책, p. 711.

28   Harold S. Kushner, *The LORD is My Shepherd: Healing Wisdom of the Twenty-Third Psalm*, Large Print (New York, NY: Random House, 2003), p. 117. 이 책에서 랍비 쿠쉬너 역시 토라에 나오는 '이나파쉬'라는 동사를 문자 그대로 '그가 그의 영혼을 되찾다'(He got His soul back)라고 설명한 바 있다.

29   Judith Shulevitz, "Bring Back the Sabbath," *The New York Times Magazine* (March 2, 2003).

30   Ronald L. Eisenberg, *The JPS Guide to Jewish Traditions*, 1st ed. (Philadelphia: The Jewish Publication Society, 2004), p. 135.

31   Allen C. Myers, *The Eerdmans Bible Dictionary* (Grand Rapids, MI:

Eerdmans, 1987), p. 887.

32 Walter A. Elwell, Barry J. Beitzel, "Centurion," 앞의 책, p. 421-422.

33 Dan Nässelqvist and Georgina Jardim, "Slavery," ed. John D. Barry et al., *The Lexham Bible Dictionary*(Bellingham, WA: Lexham Press, 2016).

34 Charles W. Draper, Robert J. Dean, "Synagogue," ed. Chad Brand, Charles Draper, Archie England, Steve Bond, E. Ray Clendenen, Trent C. Butler, *Holman Illustrated Bible Dictionary*(Nashville, TN: Holman Bible Publishers, 2003), p. 1544.

35 Ronald L. Eisenberg, 앞의 책, p. 372-373.

36 Richard A. Horsley, 앞의 책, p. 132.

37 Jordan J. Ryan, "Jesus and Synagogue Disputes: Recovering the Institutional Context of Luke 13:10-17," *The Catholic Biblical Quarterly* 79, no. 1 (January 2017), p. 42-43.

38 Lawrence O. Richards, *The Bible Reader's Companion*, electronic ed. (Wheaton: Victor Books, 1991), p. 658.

39 Darrell L. Bock, *Luke: 1:1-9:50*, vol. 1. *Baker Exegetical Commentary on the New Testament*(Grand Rapids, MI: Baker Academic, 1994), p. 649.

40 William Arndt, Frederick W. Danker, Walter Bauer, 앞의 책, p. 395.

41 Yuri Phanon, "Is She a Sinful Woman or a Forgiven Woman? An Exegesis of Luke 7:36-50 Part I," *AJPS* 19, no. 1 (2016), p. 64.

42 Craig S. Keener, *The IVP Bible Background Commentary: New Testament*(Downers Grove, IL: IVP, 1993), p. 208-209.

43 William Arndt, Frederick W. Danker, Walter Bauer, 앞의 책, p. 518.

44 같은 책, p. 184.

45 Charles H. Cosgrove, "A Woman's Unbound Hair in the Greco-Roman World, with Special Reference to the Story of the 'Sinful Woman' in

Luke 7:36-50," *JBL* 124, no. 4 (2005), p. 679.

46 Johannes P. Louw, Eugene Albert Nida, *Greek-English Lexicon of the New Testament: Based on Semantic Domains* (New York: United Bible Societies, 1996), p. 454.

47 John A. Martin, "Luke," in *The Bible Knowledge Commentary: An Exposition of the Scriptures*, ed. J. F. Walvoord, R. B. Zuck, vol. 2 (Wheaton, IL: Victor Books, 1985), p. 223-224.

48 Johannes P. Louw, Eugene Albert Nida, 앞의 책, p. 68.

49 Allen C. Myers, 앞의 책, p. 36.

50 Othmar Keel, *The Symbolism of the Biblical World* (New York, NY: The Seabury Press, 1978), p. 48.

51 William Arndt, Frederick W. Danker, Walter Bauer, 앞의 책, p. 244.

52 Susan Garrett, *The Demise of the Devil: Magic and the Demonic in Luke's Gospel* (Minneapolis, MN: Fortress Press, 1990), p. 40.

53 William Arndt, Frederick W. Danker, Walter Bauer, 앞의 책, p. 581.

54 같은 책, p. 918.

55 같은 책, p. 115-116.

56 Elizabeth Arnold and James McConnel, "Hijacked humanity: A post-colonial reading of Luke 8:26-39," *Review and Expositor* 112, no. 4 (2015), p. 599.

57 Paul Petit, *Pax Romana* (Los Angeles, CA: University of California Press, 1976), p. 237.

58 K. A. Mathews, *Genesis 11:27-50:26*, vol. 1B, *The New American Commentary* (Nashville: Broadman & Holman Publishers, 2005), p. 558-559.

59 William Arndt, Frederick W. Danker, Walter Bauer, 앞의 책, p. 588.

간절함의 자리

60 "Mammon: Wealth regarded as an evil influence or false object of worship," Catherine Soanes, Angus Stevenson, eds., *Concise Oxford English Dictionary*(Oxford: Oxford University Press, 2004).

61 William Arndt, Frederick W. Danker, Walter Bauer, 앞의 책, p. 543.

62 같은 책, p. 962-963.

63 '그가 잠에서 깨어나길'(may he awaken)이라는 의미가 있다. *Myers, The Eerdmans Bible Dictionary*, p. 548 참고.

64 James M. Freeman, Harold J. Chadwick, *Manners & Customs of the Bible*(North Brunswick, NJ: Bridge-Logos Publishers, 1998), p. 397.

65 '바르 미츠바'(bar mitzvah)는 '율법의 아들'이라는 뜻을 가진 유대인 남자아이들의 성년식이며, '바트 미츠바'(bat mitzvah)는 마찬가지로 '율법의 딸'이라는 의미를 지닌 유대인 여자아이들의 성년식이다. 남자아이들은 13세가 되면 치르고 여자아이들은 남자아이들보다 조숙하다고 여겨져서 12세가 되면 치르는 예식이다.

66 Darrell L. Bock, *Luke, The IVP New Testament Commentary Series*, Lk 8:40.

67 William Arndt, Frederick W. Danker, Walter Bauer, 앞의 책, p. 126.

68 같은 책, p. 767.

69 여기에 해당하는 헬라어 단어 '마카리오스'(μακάριος: makarios)는 '행복'을 소유하고 있는 상태를 지칭한다. 어떤 보상으로 받는 복이 아니라 실제 내재된 요동 없는 깊은 행복이다. 시편 1편 1절에 나오는 "יֵּרׁשְׁא"('ăšrê-아쉐레)와 동일한 의미라고 볼 수 있다. 이에 관한 설명이 더 필요하면 풀핏 성경 주석(*Pulpit Commentary*)을 참고하라. H. D. M. Spence-Jones, ed., *St. Matthew*, vol. 1, *The Pulpit Commentary*(London, New York: Funk & Wagnalls Company, 1909), p. 146.

70 Henri J. M. Nouwen, *Bread for the Journey: A Daybook of Wisdom and Faith*(New York, NY: Harper One, 1997), March 23.

- Alfred Edersheim, *Sketches of Jewish Social Life in the Days of Christ*. (London: The Religious Tract Society, 1876).

- _____. The Life and Times of Jesus the Messiah. Vol. I. (New York, NY: Longmans, Green and Co., 1896).

- Allen C. Myers, Eerdmans Dictionary of the Bible. Edited by David Noel Freedman. (Grand Rapids, MI: W. B. Eerdmans, 1987).

- Andreas J. Köstenberger, *Baker Exegetical Commentary on the New Testament: John*. (Grand Rapids, MI: Baker Academic, 2004).

- Craig S. Keener, *The IVP Bible Background Commentary: New Testament*. (Downers Grove, IL: IVP, 1993).

- Catherine Soanes, Angus Stevenson, *Concise Oxford English Dictionary*. (Oxford: Oxford University Press, 2004).

- Chad Brand, Charles Draper, Archie England, Steve Bond, E. Ray Clendenen, Trent C. Butler, *Holman Illustrated Bible Dictionary*. (Nashville, TN: Holman Bible Publishers, 2003).

- Charles H. Cosgrove, "A Woman's Unbound Hair in the Greco-Roman World, with Special Reference to the Story of the 'Sinful Woman' in Luke 7:36-50." *JBL* 124, no. 4 (2005), p. 675-692.

- Dan Nässelqvist, Georgina Jardim, "Slavery" In The Lexham Bible

Dictionary. by John D. Barry (Bellingham, WA: Lexhgam Press, 2016).

- Darrel L. Bock, "Luke: 1:1-9:50." Vol. I, in *Baker Exegetical Commentary on the New Testament*. (Grand Rapids, MI: Baker Academic, 1994).

- _____. "Luke." In *The IVP New Testament Commentary Series*. (Downers Grove, IL: InterVarsity, 1994).

- Elizabeth Arnold, James McConnel. "Hijacked humanity: A postcolonial reading of Luke 8:26-39." *Review and Expositor* 112, no. 4 (2015), p. 591-606.

- Francis Brown, Samuel Rolles Driver, Charles Augustus Briggs, *Enhanced Brown-Driver-Briggs Hebrew and English Lexicon*. (Oxford, England: Clarendon Press, 1977).

- Frederic William Farrar, *The Life of Christ*. (New York, NY: Cassell, Petter & Galpin, 1874).

- H. D. M. Spence-Jones, *St. Matthew*, Vol. I, in *The Pulpit Commentary*. (New York, NY: Funk & Wagnalls Company, 1909).

- Harold S. Kushner, *The LORD is My Shepherd: Healing Wisdom of the Twenty-Third Psalm*. Large Print (New York, NY: Random House, 2003).

- Henri J. M. Nouwen, *Bread for the Journey: A Daybook of Wisdom and Faith*. (New York, NY: Harper One, 1997).

- James M. Freeman, Harold J. Chadwick, *Manners & Custom of the Bible*. (North Brunswick, NJ: Bridge-Logos Publishers, 1998).

- James Strong, *Enhanced Strong's Lexicon*. (Woodside Bible Fellowship, 1995).

- Johannes P. Louw, Eugene Albert Nida, *Greek-English Lexicon of the New Testament: Based on Semantic Domains*. (New York, NY: United Bible Societies, 1996).

- John F. Walvoord, Roy B. Zuck, Dallas Theological Seminary, *The Bible Knowledge Commentary: An Exposition of the Scriptures*. (Wheaton, IL: Victor Books, 1983).

- John Peter Lange, Philip Schaff, Wilhelm Julius Schröeder, "1 Kings," In *A Commentary on the Holy Scripture*. (Bellingham, WA: Logos Bible Software, 2008).

- Jordan J. Ryan, "Jesus and Synagogue Disputes: Recovering the Institutional Context of Luke 13:10-17," *The Catholic Biblical Quarterly* 79, no. 1. (January 2017), p. 41-59.

- Judith Shulevitz, "Bring Back the Sabbath," *The New York Times Magazine*. (March 2, 2003).

- K. A. Mathews, *Genesis 11:27-50:26., vol. 1B, The New American Commentary*. (Nashville, TN: Broadmand & Holman Publishers, 2005).

- Kenneth E. Bailey, *Jacob and the Prodigal*. (Downers Grove, IL: IVP, 2003).

- _____. *Jesus Through Middle Eastern Eyes: Cultural Studies in the Gospels*. (Downers Grove, IL: InterVarsity Press, 2008).

- Lawrence O. Richards, *The Bible Reader's Companion*. (Wheaton, IL: Victor Books, 1991).

- Ludwig Koehler, Walter Baumgartner, M. E. J. Richardson, Johann Jakob Stamm, *The Hebrew and Aramaic Lexicon of the Old Testament: Aramaic*. (Leiden: New York: E. J. Brill, 1994-2000).

- Martin Luther King, *Strength to Love*. (New York, NY: Harper & Row, 1963).

- N. T. Wright, *The Challenge of Jesus: Rediscovering Who Jesus Was and Is*. (Downers Grove, IL: IVP Academic, 1999).

- Othmar Keel, *The Symbolism of the Biblical World: Ancient Near Eastern Iconography and the Book of Psalms*. (New York, NY: Seabury Press, 1978).

- Paul Petit, *Pax Romana*. (Los Angeles, CA: University of California Press, 1976).

- Richard A. Horsley, *Archaeology, History, and Society in Galilee: The Social Context of Jesus and the Rabbis*. (Valley Forge, PA: Trinity Press International, 1996).

- Richard J. Foster, *Prayer: Finding the Heart's True Home*. (New York, NY: HarperSanFrancisco, 1992).

- Robert H. Stein, "Luke." In *The New American Commentary*. (Nashville, TN: Broadmand & Holman Publishers, 1992).

- Ronald L. Eisenberg, *The JPS Guide to Jewish Traditions*. 1st. (Philadelphia, PA: The Jewish Publication Society, 2004).

- Shmuel Safari, "Spoken and Literary Languages in the Time of Jesus." In *Jesus' Last Week*. by S. Notly, Turnage M. & B. Becker, 226. (Leiden: Brill, 2006).

- Susan Garrett, *The Demise of the Devil: Magic and the Demonic in Luke's Gospel*. (Minneapolis, MN: Fortress Press, 1990).

- Walter A. Elwell, Barry J. Beitzel, *Baker Encyclopedia of the Bible*. (Grand Rapids, MI: Baker Book House, 1988).

- William Arndt, Frederick W. Danker, Walter Bauer, *A Greek-English Lexicon of the New Testament and Other Early Christian Literature*. (Chicago, IL: University of Chicago Press, 2000).

- William Hendriksen, Simon J. Kistemaker, *Exposition of the Gospel According to John*, Vol. 1. in *New Testament Commentary*. (Grand Rapids, MI: Baker Book House, 1953-2001).

- Yuri Phanon, "Is She a Sinful Woman or a Forgiven Woman? An Exegesis of Luke 7:36-50 Part I." *AJPS* 19, no. 1. (2016), p. 59-71.

- 한하운, 《보리피리》(서울: 인간사, 1955).